힘을 다하여
주님과 교제하라

KB190287

이 소중한 책을

특별히 _____님께

드립니다.

김장환 목사와 함께
주제별 설교·성경공부·예화 자료

· · ·

힘을 다하여
주님과 교제하라

나침반

목차

서문

'사귐'은 성경에 기록된 단어 중 가장 신선하고 아름다운 단어입니다.

하나님은 태초에 아담과 하와를 창조하시고 그들과 교제하기 위해 에덴으로 강림하셨습니다(창 3:8). 광야의 이스라엘 백성들을 만나기 위해 성막을 지시하셨으며(출 25:22), 광야에서의 방황을 끝내고 약속의 땅에 들어간 이스라엘 백성들을 만나기 위해 성전을 허락하셨습니다.

이후 하나님은 모든 피조물들을 만나기 위해서 보다 구체적인 계획을 세우셨습니다. 그 계획은 하나님의 본체이신 예수 그리스도를 이 땅에 보내사 모든 사람이 구원받을 길을 열어주시는 기적 같은 은혜와 자비였습니다.

하나님의 놀라운 은혜 덕분에 사도 요한은 우리가 예수 그리스도를 통해 하나님과 사귈 수 있다고 증언했으며(요일 1:3), 바울은 하나님이 우리를 구원하신 이유가 우리와 교제하기 위해서라고 강조했습니다(고전 1:9). 성경이 이처럼 증거하듯 하나님은 지금도 우리와 더불어 사귀기를 원하시며, 같은 마음으로 성도들이 서로 교제하기를 원하고 계십니다.

교제를 통해 하나님의 일을 이루시기를 원하는 주님의 마음을 우리는 알고 있습니까? 알고 있다면 하나님과, 성도와의 교제를 기쁨으로 이루어가고 있는지 돌아봐야 합니다.

하나님이 가르쳐주시는 교제의 비결을 모든 사람에게 가르치기 위해 이 책은 세 가지 부분으로 구성되어 있습니다.

첫째, 교제에 대한 설교 내용을 핵심 위주로 요약 및 정리해 누구나 쉽게 읽을 수 있도록 만들었습니다.
둘째, 한국 교회 성장에 크게 기여한 구역 모임이나 그룹 성경공부에서 교재로도 사용할 수 있게 만들었습니다.
셋째, 설교나 여러 모임에서 적절하게 활용하면 좋을 교제에 관한 예화를 수록했습니다.

세상에서 주님을 간절히 증거할 진정한 그리스도인이 그 어느 때보다 필요한 오늘날입니다. 이 한 권의 책으로 변화된 성도들이 복음의 전달자로 바로 서며 한 번 더 뜨거운 부흥이 온 땅을 뒤덮게 되기를 소망합니다.

교제에 대한 명언들

● 나쁜 사람과 교제하는 것보다는 고독이 낫다. 그러나 참다운 벗과의 교제는 고독보다 낫다. - 뤼케르트

● 너에게 힘이 되며, 인생의 목표를 향해 밀고 나갈 능력을 주는 좋은 교제를 나누라. 그러나 마음이 더 공허해지고 약점을 떠올리게 되는 교제는 전염병을 다루듯이 피하라. - 포이흐테르슬레벤

● 사교에 있어서도 다른 많은 일에 있어서와 같이 중용을 지키는 것만이 올바른 것이다. 인간과의 쉴 사이 없는 교제는 누구에게든 틀림없이 정신적 불이익을 주기 마련이다. - 카를 힐티

● 아름다운 날개가 그 새를 아름답게 하듯 교제하는 친구를 보아 그의 인격이 나타난다. - 김경선

● 아무리 친한 사이라도 선을 넘지는 말아야 한다. 만약 정말 믿을만한 벗을 만나거든 사슬로 묶어서라도 그 사람을 놓치지 말라. 급하다고 누군지도 모르는 아무나 벗으로 삼아 교제하는 실수는 절대로 저질러서는 안 된다. - 셰익스피어

- 교제는 사람에게 반드시 필요한 본능이다. 그러나 교제의 중요성을 알고 지속적인 만남을 가지려고 하는 현명한 사람은 몇 명 없다. – 라 로시푸코

- 우리는 책이 아닌 교제를 통해 인생의 좋은 것들을 배운다. 자연과 사람과의 교제 중 나도 모르게 얻어진 것들이 우리 인생의 귀한 능력들이 된다. – 하인리히 폴 릴

- 작곡가 슈만은 "항상 자기보다 예술성이 높은 사람을 만나라"라고 제자들에게 권했다. 자기보다 못한 사람과의 교제는 작품을 오히려 퇴보시키기 때문이다. 일반적인 교제에서도 이와 같은 원리가 적용된다. – 이성호

- 정욕으로 사랑하는 사람은 정욕이 다하면 사랑이 마르고 재물로 친구를 사귀는 사람은 재물이 다하면 관계가 끊어진다. – 작자 미상

- 이상적인 사귐은 그리스도 안에서 발견된다. – L.B. 카우맨

- 성도의 교제는 집의 벽과 같다. – 김경선

1

서론

하나님은 사람을 사회적으로 창조하셨다. 사람은 어떤 방식으로든 만나는 사람의 영향을 받는다. 영적인 생활은 물론 지적인 생활, 사회적인 생활도 마찬가지다. 어떤 사람과 교제하느냐에 따라 도움을 받을 때도 있고 피해를 입을 때도 있다. 교제는 인생에서 이처럼 중요한 역할을 하기 때문에 성경은 다음과 같이 우리에게 가르치고 있다.

"지혜로운 자와 동행하면 지혜를 얻고 미련한 자와 사귀면 해를 받느니라"– 잠언 13장 20절

"노를 품는 자와 사귀지 말며 울분한 자와 동행하지 말찌니 그 행위를 본받아서 네 영혼을 올무에 빠칠까 두려움이니라"– 잠언 22장 24,25절

성경 말씀 그대로 철이 철을 날카롭게 하는 것 같이 친구는 친구의 얼굴을 빛나게 한다. 세상에서 하늘의 법도를 따라 빛나는 영광을 위해 살아가는 그리스도인에게 누구와 어떤 교제를 나누는지는 매우 중요한 일이다. 만나고 교제하는 사람에 따라 삶이 크게 달라지기 때문이다.

그리스도인의 교제는 크게 두 가지로 분류할 수 있다.

첫 번째는 하나님과의 교제고 두 번째는 성도와의 교제다.

무엇보다 중요한 것은 하나님과의 교제다.

사도 바울은 하나님이 우리를 구원하신 목적 중 하나가 바로 우리와 교제하기 위해서라고 말했다.

"너희를 불러 그의 아들 예수 그리스도 우리 주로 더불어 교제케 하시는 하나님은 미쁘시도다" - 고린도전서 1장 9절

하나님이 우리를 부르신 목적 중 하나는 우리와 교제하기 위해서다. 구약을 살펴보면 많은 사람들이 하나님과 더없이 긴밀한 교제를 나누었다는 사실을 확인할 수 있다.

이스라엘 백성을 애굽에서 인도했던 모세는 사람이 친구와 이야기를 나누듯 하나님과 교제했다. 이스라엘의 가장 위대한 왕인 다윗은 하나님과 더욱 친밀한 교제를 나누고자 강하게 열망했다. 하나님과 동등하신 예수님조차 하나님과 더욱 깊이 교제하기 위해 매일 새벽에 일어나 한적한 곳을 찾아 하나님께 기도하셨다.

하나님과의 교제는 성도의 특권이자 하나님께 쓰임 받기 위한 조건이다. 하나님께 크게 쓰임 받은 사람들은 하나님과 나누는 교제의 중요성을 알고 있었다. 하나님과 보내는 시간이 더 많아질수록 우리의 믿음은 강건해지고 혼란한 세상 속에서도 길을 잃지 않고 주님을 향해 나아갈 수 있다. 이토록 중요한 하나님과의 교제를 우리는 네 가지 방법을 통해 나눌 수 있다.

첫째, 하나님의 말씀을 통해 나눌 수 있다.

성경은 자녀들을 위해서 기록하게 하신 하나님의 말씀이

다. 우리는 성경을 통해 지금도 하나님의 말씀을 들을 수 있다. 하나님의 말씀인 성경 없이는 그 어떤 사람도 하나님과 교제할 수 없다. 하나님과 나누는 교제의 기본은 성경이다. 설교 시간에 말씀을 듣거나 혼자서 성경을 묵상할 때, 혹은 그룹으로 함께 성경을 연구할 때 우리는 하나님과 교제할 수 있다.

둘째, 기도를 통해 나눌 수 있다.

기도는 하나님의 자녀인 우리가 하늘의 아버지이신 하나님께 말씀드리는 것이다. 하나님이 성경을 통해 우리에게 말씀하시는 것처럼, 우리는 기도를 통해 하나님께 말씀드릴 수 있다.

교제란 두 인격 사이의 친밀한 나눔이기 때문에 성경과 기도는 서로 호응한다. 성경을 읽으면서도 기도하지 않는다거나 기도는 열심히 하는데 성경을 읽지 않는다면 하나님과의 교제가 원활히 이루어지는 신앙이라고 말할 수 없다. 하나님과의 올바른 교제를 위해서는 성경을 읽는 것도 중요하지만 기도 역시 마찬가지로 중요하다.

셋째, 경건의 시간을 통해 나눌 수 있다.

한때 아무리 친했다던 친구라 해도 왕래가 뜸해지면 어색해질 수 있다. 하나님과의 교제 역시 마찬가지다. 하나님과 긴밀한 교제를 원한다면 매일 하나님과 만나는 시간, 즉 경건의 시간을 가져야 한다. 우리에겐 말씀과 기도로 깊이 묵상하며 죄를 회개하고 삶의 목적을 확인할 경건의 시간이 매일 필요하다. 예수 그리스도 역시 하나님과 교제하기 위해 날마다 아침 일찍 한적한 곳으로 가서 기도하셨다(막 1:35). 하물며 우리에게는 얼마나 많은 경건의 시간이 필요하겠는가.

넷째, 예배를 통해 나눌 수 있다.

하나님과 교제를 나누는 가장 좋은 방법은 예배다. 하나님은 신령과 진정으로 예배하는 사람을 찾고 계시며, 다른 어떤 것보다 우리의 진실된 예배를 가장 기뻐하신다. 정성을 다해 예배할 때 우리 역시 하나님의 임재하심을 느낄 수 있다.

이와 같이 말씀과 기도, 경건의 시간, 예배를 통해 우리는 하나님과 교제할 수 있다. 그러나 하나님이 바라시는 온전한 성도로 서기 위해서는 하나님과의 교제만으로는 부족하다.

성도 간의 교제가 없는 사람은 무인도에서 살아가는 사람과 같기 때문에 우리는 하나님과의 교제 못지않게 성도와의 교제도 중요하게 여겨야 한다.

모든 그리스도인은 한 몸의 지체이다. 한 몸이 온전한 역할을 감당하기 위해서는 모든 지체가 서로 돕고 사랑해야 하는 것처럼 그리스도인이 온전한 신앙생활을 하기 위해서는 교제를 통해 서로 돕고 사랑해야 한다.

1. 성도 간의 교제의 필요성

성도 간의 교제는 하나님의 교제와 마찬가지로 매우 중요한 신앙의 요소이다. 하나님과의 교제에 집중하다 보면 성도와의 교제에 소홀해지기 쉬운데 하나님은 사람과 사람의 관계를 통해서도 많은 역사를 보여주시는 분이라는 사실을 잊어서는 안 된다. 성도 간의 교제가 필요한 이유는 크게 네 가지가 있다.

(1) 하나님의 뜻을 발견하기 위해

세상을 살다 보면 하나님의 뜻에 맞지 않는 많은 일들이 일어나고 있음을 쉽게 알 수 있다. 이런 세태에 휩쓸리지 않으려면 하나님이 원하시는 뜻이 무엇인지를 알아야 한다.

성경을 참고해서 기도함으로 하나님의 뜻을 구하는 사람과 세상 사람의 의견만 참고하는 사람 중 누가 더 올바른 답을 구하겠는가? 세상과 사람의 의견만 참고하면 하나님의 뜻에 어긋난 행동을 하게 될 수 있다. 반면에 함께 신앙생활을 하는 성도들과 교제를 통해 이런 문제를 다룬다면 하나님의 뜻을 발견할 수 있다. "복 있는 사람은 악인의 꾀를 좇지 아니하며 죄인의 길에 서지 않는다"라는 시편 말씀처럼 성도 간의 교제를 통해 우리 삶에 대한 하나님의 뜻을 발견할 수 있다.

> "복 있는 사람은 악인의 꾀를 좇지 아니하며 죄인의 길에 서지 아니하며 오만한 자의 자리에 앉지 아니하고 오직 여호와의 율법을 즐거워하여 그 율법을 주야로 묵상하는 자로다" – 시편 1편 1,2절

(2) 주님을 위해 살도록 서로 격려하기 위해

예수 그리스도를 통한 분명한 구원의 확신이 있음에도 세상에서 살아가는 일은 녹록지 않다. 하루를 돌아봐도 알게 모르게 신앙생활을 방해하는 요소들이 많이 있음을 우리는 알게 된다. 성도 간의 교제를 등한시 여기고 모이기를 힘쓰지 않으면 세상에서의 삶에 익숙해져 신앙생활이 그저 그런 종교생활로 전락하게 된다. 하나님에 대한 사랑과 주님을 향한 믿음을 잃어버리지 않도록 성도들은 서로 모이기를 힘쓰

며 사랑과 선행을 격려해야 한다. 그리스도를 위해 사는 사람이 바로 그리스도인이기 때문이다.

> "서로 돌아보아 사랑과 선행을 격려하며 모이기를 폐하는 어떤 사람들의 습관과 같이 하지 말고 오직 권하여 그 날이 가까움을 볼수록 더욱 그리하자" – 히브리서 10장 24,25절

(3) 연약한 성도들을 격려하기 위해

성도 간의 교제 없이도 신앙생활은 얼마든지 할 수 있다. 오히려 사람 사이의 관계로 시험을 받는다는 이유로 고독한 신앙생활을 권장하는 정통 교파도 있다. 그럼에도 우리는 성도들과의 교제를 포기해선 안된다. 믿음이 연약한 형제, 자매를 붙들어 줄 사람이 필요하기 때문이며 우리 역시 흔들릴 때 다른 성도들에게 도움을 받을 수 있다. 하나님은 우리가 교제 가운데 서로 도우며 성장하기를 원하신다.

> "두 사람이 한 사람보다 나음은 저희가 수고함으로 좋은 상을 얻을 것임이라 혹시 저희가 넘어지면 하나가 그 동무를 붙들어 일으키려니와 홀로 있어 넘어지고 붙들어 일으킬 자가 없는 자에게는 화가 있으리라 두 사람이 함께 누우면 따뜻하거니와 한 사람이면 어찌 따뜻하랴 한 사람이면 패하겠거니와 두 사람이면 능히 당하나니 삼겹 줄은 쉽게 끊어지지 아니하느니라" – 전도서 4장 9~12절

(4) 세상에 그리스도의 사랑을 나타내기 위해

예수님은 제자들에게, 그리고 우리에게 '서로 사랑하라'라는 새 계명을 주셨다. 세상에는 진정한 사랑이 없다. 주님의 말씀을 따라 성도들이 서로 사랑하고 교제할 때에 세상 사람들은 우리의 교제를 보고 진정한 사랑이 무엇인지, 예수님의 복음이 무엇인지 저절로 깨닫게 된다. 세상 사람들에게 복음을 전하는 가장 좋은 방법은 성도 간에 긴밀한 사랑의 교제를 나누는 것이다. 진정한 제자는 예수님의 말씀을 따라 사랑의 교제를 중요한 사명으로 여겨야 한다.

> "새 계명을 너희에게 주노니 서로 사랑하라 내가 너희를 사랑한것 같이 너희도 서로 사랑하라 너희가 서로 사랑하면 이로써 모든 사람이 너희가 내 제자인줄 알리라"
>
> – 요한복음 13장 34,35절

2. 성도 간의 교제의 내용

몇몇의 그리스도인이 함께 모여 교제를 나누고 있었다.

한 성도가 최근에 있었던 국가대표 축구 경기에 대해 말을 꺼내자 다들 즐겁게 대화를 이어갔다. 잠시 뒤 어떤 사람이 정치와 경제 상황에 대해 이야기했다. 서로 생각은 달랐지만 서로 존중하며 즐겁게 대화를 이어갔다. 잠시 뒤 대화 주제는 최근 개봉한 영화로 바뀌었고 성도들은 서로 감명 깊게 본 영화에 대해 말하며 즐거운 시간을 보냈다. 어느덧 밤이 깊어 모두들 집에 갈 시간이 되었다. 시간 가는 줄 모를 정도로 즐거운 시간을 보낸 성도들은 집에 도착해 모두 같은 생각을 했다.

'성도들의 교제는 참으로 재밌고 유익하단 말이야!'

하지만 안타깝게도 이들의 교제는 참된 그리스도인의 교제라고 할 수 없다.

그렇다면 성도들의 교제는 어떤 내용으로 이루어져야 하는가? 그리스도인의 교제란 '그리스도가 대화의 주제가 된 교제'를 의미한다. 그리스도인이 모여서 나누는 주제가 오로지 세상에 대한 것이라면 몇 날 며칠을 교제하든, 아무리 즐거운 시간을 보내든 주님과는 하등의 관계가 없다. 단순히 그리스도인이 모였다고 해서 그리스도인의 교제가 아닌 것이다. 올바른 성도 간의 교제를 위해서는 하나님과 동행한 삶 속에서 일어난 일에 대해 이야기하는 분위기가 필요하다.

건전한 성도의 교제를 위해 다음의 사실을 참고하자.

(1) 서로 사랑과 선행을 격려하라.

하나님은 우리 삶에 매일 놀라울 정도로 풍성한 사랑과 은혜를 베풀어주신다. 먼저 그 놀라운 사랑에 대해 나누고 힘겨울지라도 세상 가운데 하나님의 뜻대로 살아갈 동력을 잃지 않도록 서로 격려하자.

"서로 돌아보아 사랑과 선행을 격려하며"- 히브리서 10장 24절

(2) 함께 기도하라.

하나님은 우리의 모든 기도에 응답해 주시는 주님이시다. 그동안 하나님께서 응답해 주신 은혜에 대해 나누며 또한 각자의 기도 제목을 놓고 함께 기도하자. 서로를 위한 기도는 교제에 있어서 대단히 중요하다. 교제를 시작할 때와 마칠 때에도 기도하는 것을 잊어선 안된다.

"진실로 다시 너희에게 이르노니 너희 중에 두 사람이 땅에서 합심하여 무엇이든지 구하면 하늘에 계신 내 아버지께서 저희를 위하여 이루게 하시리라 두 세 사람이 내 이름으로 모인 곳에는 나도 그들 중에 있느니라"
– 마태복음 18장 19,20절

(3) 함께 찬양하라.

찬양은 교제의 큰 부분을 차지한다. 찬양을 통해 어색한 분위기가 풀어지기도 하고, 처음 온 사람의 마음이 열리기도 한다. 함께 모여 다른 사람의 험담을 하거나, 시시콜콜한 세

상 이야기를 하기보다는 하나님을 뜨겁게 찬양하며 기쁨을 나누자.

> "시와 찬미와 신령한 노래들로 서로 화답하며 너희의 마음으로 주께 노래하며 찬송하며" – 에베소서 5장 19절

(4) 서로를 옳은 길로 인도하라.

누군가 죄를 고백하거나, 자기도 모르는 실수를 하고 있을 때에는 책망이 아닌 사랑으로 바로잡아 주어야 한다. 좋은 인간관계를 유지하고 있지 않으면 아무리 옳은 소리를 부드럽게 해도 당사자 입장에서는 기분이 나쁠 수 있다. 책망 이전에 사랑, 정의 이전에 관계에 집중하자. 또한 다른 사람의 잘못을 잡아주기 전 먼저 자신을 살펴야 한다. 나 자신의 실수도 감추기보다는 함께 내어놓고 회개하며 기도를 요청하자. 서로의 잘못과 회개를 사랑으로 받아들이며 바로잡아 주어야 모임이 건강해진다. 상대방이 명백하게 잘못하고 있음에도 아무 말도 하지 않는 교제는 바람직한 교제가 아니다.

> "내 손으로 너희에게 이렇게 큰 글자로 쓴 것을 보라"
> – 갈라디아서 6장 11절

(5) 서로의 짐을 나누어 지라.

사랑은 말이 아닌 행동이다. 아름다운 교제를 나누기 위해

서는 서로의 짐에 관심을 가져야 하며 때때로 함께 나누어 져야 한다. "자녀들아 우리가 말과 혀로만 사랑하지 말고 행함과 진실함으로 하자"라는 사도 요한의 권면처럼 말보다는 행함으로 사랑의 교제를 나눠야 한다.

> "너희가 짐을 서로 지라 그리하여 그리스도의 법을 성취하라" – 갈라디아서 6장 2절

3. 성공적인 교제에 필요한 것

성공적인 교제를 위해서는 많은 노력이 필요하다. 처음부터 모든 자질을 갖추려고 하다 보면 오히려 힘이 빠지고 포기하게 된다. 할 수 있는 일부터 차근차근 시작해 하나님의 도우심을 구하며 성도 간의 올바른 교제를 위해 노력해야 한다.

- 교제의 중요성을 깨닫게 적극적으로 교제에 참여하자.
- 자신을 감추며 방어하지 말고 정직하게 자신을 드러내자.
- 다른 사람의 말을 항상 경청하자.
- 좋은 성품을 위해 노력하자.

● 좋은 언어 습관을 들이자.

● 받기보다 주는 일에 힘쓰자.

● 내 기쁨이 아닌 다른 사람의 기쁨을 위해 교제하자.

● 교제를 통해 축복하시는 주님께 감사하자.

4. 교제는 어떻게 나누어야 하는가?

'교제'는 말은 쉽지만 실제로 행동으로 옮기려고 할 때에는 막연하게 느껴질 수 있다. 교제에 특별히 정해진 규칙은 없지만 대체로 다음의 방법들을 통해 교제를 시작하는 것이 좋다.

(1) 그리스도인의 모임에 참여하자.

예배 시간은 기본이며 각 부서별 모임, 수련회, 성경공부 등 여러 집회에 힘이 닿는 만큼 참여하자.

(2) 성도들과 만날 약속을 잡자.

도움을 주거나, 도움을 줄 수 있는 성도가 있다면 사적으로 약속을 잡아 다과를 나누며 교제하자.

(3) 성도들을 집으로 초대하자.

집에서 교제를 나누면 밖보다 훨씬 더 깊고 자유로운 교제를 나눌 수 있다. 처음엔 조금 어색하고 부담될 수 있겠지만 더 큰 유익이 생길 것이다. 가정을 개방하며 믿음의 식구들과 자유롭게 왕래하자.

(4) 매일 경건의 시간을 갖는 성도들과 느낀 바를 나누자.

경건의 시간을 매일 갖는 신실한 성도들은 서로 만나기만 해도 자연스럽게 성도의 교제가 시작된다. 경건의 시간 뒤에 약속을 잡아도 좋고, 아니면 자연스레 만날 때에도 서로 말씀을 묵상하고 기도를 통해 하나님이 주신 마음을 나누자. 홀로 누리는 것보다 몇 배 더 풍성한 은혜를 누릴 수 있다.

모든 그리스도인에게는 교제가 필요하다. 우리는 하나님과, 또 성도들과 교제하며 지상에서 하늘나라의 기쁨을 맛볼 수 있다. 교제의 참 기쁨을 알지 못하는 성도들은 점점 신앙 생활에 흥미를 잃으며 의욕을 상실하게 된다. 예수님의 피로 얻은 귀한 구원을 잃지 않기 위해선 교제에 힘쓰며 모든 성도들을 귀하게 섬기며 살아야 한다.

2

교제에 대한 설교

1. 예수님을 바라보자

"이러므로 우리에게 구름 같이 둘러싼 허다한 증인들이 있으니 모든 무거운 것과 얽매이기 쉬운 죄를 벗어 버리고 인내로써 우리 앞에 당한 경주를 경주하며 믿음의 주요 또 온전케 하시는 이인 예수를 바라보자 저는 그 앞에 있는 즐거움을 위하여 십자가를 참으사 부끄러움을 개의치 아니하시더니 하나님 보좌 우편에 앉으셨느니라 너희가 피곤하여 낙심치 않기 위하여 죄인들의 이같이 자기에게 거역한 일을 참으신 자를 생각하라" – 히브리서 12장 1–3절

서론

인생에서 어떤 분기를 맞을 때 사람은 새로운 시각으로 세상을 바라본다. 매일 똑같은 하루의 반복이라 하더라도 새해, 새로운 달, 나이의 앞자리가 바뀌는 등의 변화가 일어날 때 새로운 목표를 세우거나 다짐을 하는 것도 그런 이유에서다. 작심삼일이라 하더라도 이런 변화는 인생에 활력이 되며 더 나은 변화를 가져다준다.

그러나 그중에서도 예수 그리스도를 만나는 것만큼 큰 변화를 가져다주는 일은 없을 것이다. 예수님을 바라보면 기적

이 일어나고, 어떤 불가능한 일도 가능해진다. 주님을 바라보며 말씀대로 살기만 해도 삶 속에서 생명력이 넘쳐나며 역사가 일어난다. 예수님을 바라볼 때 우리의 모든 필요는 채워지며 모든 불안이 사라지며 평안이 넘친다.

예수님을 바라볼 때 절망도 소망으로 변하고 슬픔도 기쁨으로 바뀐다. 도저히 내 힘으로 감당할 수 없는 절망 가운데 처해 있더라도 예수님을 바라볼 때 놀라운 희망이 생긴다.

『나다니엘 호손의 '큰 바위 얼굴'에는 무엇을 바라보는 것이 얼마나 중요한지에 대해 나와 있다.

주인공 어니스트는 어려서부터 마을 계곡에 조각되어 있는 '큰 바위 얼굴'에 대한 이야기를 듣는다. 계곡 출신의 인물 중 큰 바위 얼굴을 닮은 인물이 언젠가 나타나는데 그 사람은 모든 사람에게 존경받는 훌륭한 인물이라는 이야기였다. '어떤 사람이 그런 훌륭한 사람이 될 수 있을까?', '큰 바위 얼굴은 누구일까?', '그렇게 되려면 어떻게 살아야 할까?' 어니스트는 어렸을 때부터 큰 바위 얼굴에 대한 상상을 하며 평생을 기다린다. 결국 큰 바위 얼굴의 주인공을 만나지 못한 채 노인이 된 어니스트에게 어느 날 마을 사람이 말했다.

"선생님 얼굴에서 큰 바위 얼굴이 보입니다."

큰 바위 얼굴을 바라보며 모든 사람에게 존경받는 삶을 계속 동경하던 어니스트가 큰 바위 얼굴이 된 것이다.』

주님을 바라보면 주님을 닮아가게 된다. 주님을 바라보면 주님의 능력이 우리 삶에 임한다. 어떤 상황에도, 어떤 순간에도 우리의 시선은 하늘의 주님께 향해 있어야 한다.

　　"땅 끝의 모든 백성아 나를 앙망하라 그리하면 구원을 얻으리라 나는 하나님이라 다른 이가 없음이니라" - 이사야 45장 22절

한 치 앞을 알 수 없는 두려운 상황에도 예수님을 바라보며 앞으로 나아간다면 기적이 일어난다.

『세계적인 농학자인 '옥수수 박사' 김순권 장로가 북한의 농업을 도와주러 방북했을 때 김 장로가 기도하는 모습을 보고 북한 사람들이 다음과 같은 부탁을 했다.

"지금 북한은 가뭄이 극심합니다. 30mm라도 비가 오게 해달라고 기도해 주십시오. 이대로라면 옥수수 농사를 몽땅 망치고 맙니다."

사람의 능력으로 할 수 있는 일이 아니었다. 그러나 김 장로는 하나님을 믿고 나 혼자 기도하기보다 다 같이 기도하는 것이 더 좋지 않겠냐고 말하며 합심으로 기도했다. 그날 밤 기적적으로 12mm가 내렸다. 원하던 30mm에는 못 미쳤지만 충분히 놀라운 일이었다. 더욱 놀라운 일은 다음 날 아침 18mm가 내리며 한 치의 오차도 없이 기도가 응답받았다는 사실이다. 김 장로보다 부탁한 북한 사람들이 더욱 놀라며 오히려 하나님께 감사 기도를

드리자고 요청했을 정도였다.』

> "환난 날에 나를 부르라 내가 너를 건지리니 네가 나를
> 영화롭게 하리로다" - 시편 50편 15절

무엇을 바라보고, 무엇을 꿈꾸는가에 따라 우리 인생은 좌우된다. 구두닦이는 지나가는 사람의 구두만 보고, 미용사는 지나가는 사람의 머리만 본다. 다윗은 하나님이 아닌 밧세바를 바라봄으로 범죄 했고, 이스라엘 백성들은 하나님의 기적이 아닌 황량한 사막을 바라봄으로 우상을 만드는 죄를 범했다. 그리스도인 우리들은 무엇을 바라보고, 어떤 삶을 살아야 하겠는가? 세상에 빠져 죄를 짓지 않고 온전히 사명을 감당하기 위해서는 세 가지 모습의 예수님을 바라봐야한다.

첫째, 십자가에 달라신 예수님을 바라보아야 한다.

> "모세가 광야에서 뱀을 든것 같이 인자도 들려야 하리니 이는 저를 믿는 자마다 영생을 얻게 하려 하심이니라" - 요한복음 3장 14,15절

예수님이 이 땅에 오신 목적은 우리를 구원하시기 위해서다. 이 구원은 모든 사람이 받을 수 있지만 단 한 가지 조건

이 있다. 바로 믿는 사람만이 받을 수 있다는 것이다.

> "하나님이 세상을 이처럼 사랑하사 독생자를 주셨으니
> 이는 저를 믿는 자마다 멸망치 않고 영생을 얻게 하려
> 하심이니라" - 요한복음 3장 16절

예수님을 믿기만 하면 주님은 우리를 죄에서 구원해 주시고, 또한 모든 두려움과 결핍에서 구원해 주신다.

> "여호와는 나의 빛이요 나의 구원이시니 내가 누구를
> 두려워하리요 여호와는 내 생명의 능력이시니 내가 누
> 구를 무서워하리요" - 시편 27편 1절

구원은 단순히 천국행을 보장하는 티켓이 아니라 현생의 삶에서도 하나님의 능력을 체험할 수 있게 해주는 진정한 의미의 거듭남이다. 주님을 믿을 때 우리는 모든 두려움에서 해방된다. 죽음의 두려움, 병의 두려움, 방황의 두려움, 인생의 의미와 목적을 찾을 수 없어 슬퍼하는 인간의 고뇌와 괴로움이 예수님을 믿음으로 한 번에 해결된다. 예수님을 바라보지 않고 세상을 바라볼 때 그리스도인이라 하더라도 이런 두려움을 느낄 수 있다. 그러므로 이사야는 우리에게 다음과 같이 권면했다.

> "두려워 말라 내가 너와 함께 함이니라 놀라지 말라 나
> 는 네 하나님이 됨이니라 내가 너를 굳세게 하리라 참으

로 너를 도와 주리라 참으로 나의 의로운 오른손으로 너를 붙들리라”– 이사야 41장 10절

세상의 모든 문제는 믿어야 할 것을 믿지 않고 바라봐야 할 분을 바라보지 않기 때문에 일어난다. 날 위해 십자가에 달리신 예수님, 믿기만 하면 구원해 주시고, 채워주시는 그 예수님을 우리는 먼저 바라보아야 한다.

『눈보라가 심하게 치던 어느 주일 날, 교회에 가기를 망설이던 청년이 있었다. 6개월 동안이나 죄의 문제를 놓고 고민하던 청년은 점점 신앙생활에 대한 흥미와 열정이 사라지고 있었다. 독실한 어머니는 그래도 교회에 가야 한다고 권면했고, 청년은 어머니의 말씀에 순종하는 의미에서 눈보라를 뚫고 교회로 향했다. 눈보라가 어찌나 심했는지 심지어 목사님도 교회에 오질 못했다. 그나마 집이 가까워서 어떻게든 교회에 왔던 몇몇 성도들 중 한 명이 설교를 맡으며 예배를 조촐하게나마 드리기로 했다. 그 성도는 “나를 앙망하라 그리하면 구원을 얻으리라 나는 하나님이라 다른 이가 없음이니라”라는 이사야 45장 22절의 말씀을 토대로 “예수를 바라보라!”라는 제목의 설교를 전했다. 설교의 마지막에 그 성도는 청년을 바라보며 말했다. “그대 역시 이 말씀에 순종하며 예수를 바라보십시오.” 그 말을 듣기가 무섭게 청년을 괴롭히던 죄의 문제는 눈 녹듯이 사라졌다. 예수님을 바라보던 그 찰나의 순간 더 이상 죄의 문제, 구원의 문제, 그 어떤 두려움의 문제

도 청년을 괴롭히지 못했다. 집으로 돌아온 청년은 그날 일기에 다음과 같이 적었다.

'나는 그 순간 구원의 길을 발견했다. 그 찰나의 순간 나의 눈은 온전히 예수님을 바라보았다. 구름도 안개도 사라지고 어두움은 내 마음에서 완전히 떠나갔다. 오로지 태양의 밝은 빛과 같은 광명만이 남아있었다. 그날의 환희와 찬미는 말로 표현할 수가 없다.'

그날부터 예수님을 바라보며 한 걸음 한 걸음 인생을 나아가던 이 청년은 많은 사람들을 주님께 인도하며 '영국의 가장 위대한 설교자'로 불린 찰스 스펄전이었다.』

둘째, 대언자 예수님을 바라보아야 한다.

"예수는 우리 범죄함을 위하여 내어줌이 되고 또한 우리를 의롭다 하심을 위하여 살아나셨느니라"– 로마서 4장 25절

날 위해 십자가에 달리신 예수님을 바라봄으로 우리는 구원받을 수 있다. 이 구원은 한 번으로 충분한 완전한 하나님의 기적이지만, 우리는 연약한 인간이기에 여전히 죄를 짓곤 한다. 십자가의 예수님을 바라봄과 동시에 우리의 죄를 변호해 주시는 대언자 예수를 바라보아야 하는 이유가 여기에 있다. 사도 바울은 예수 그리스도를 중보자라고도 표현했다.

"하나님은 한 분이시요 또 하나님과 사람 사이에 중보도 한 분이시니 곧 사람이신 그리스도 예수라" – 디모데전서 2장 5절

요한 역시 예수 그리스도를 대언자로 묘사했으며 히브리서 기자는 예수 그리스도를 '대제사장', '보증'이라고 표현했다.

"나는 세상에 더 있지 아니하오나 저희는 세상에 있사옵고 나는 아버지께로 가옵나니 거룩하신 아버지여 내게 주신 아버지의 이름으로 저희를 보전하사 우리와 같이 저희도 하나가 되게 하옵소서" – 요한복음 17장 11절

예수 그리스도는 우리의 구세주일 뿐 아니라 우리의 대언자이시기도 하다. 마귀는 우리의 죄를 하나님께 참소하지만 자비의 주님은 우리의 죄를 변호해 주시는 대언자이시다. 연약한 인간으로 잠시 넘어지고 쓰러질지라도 다시 승리하는 신앙으로 돌아오기 위해서는 대언자 예수 그리스도를 바라보아야 한다.

"누가 정죄하리요 죽으실 뿐아니라 다시 살아나신 이는 그리스도 예수시니 그는 하나님 우편에 계신 자요 우리를 위하여 간구하시는 자시니라" – 로마서 8장 34절

그렇다고 죄를 지어 회개할 때에만 예수님을 바라보아선

안된다. 그리스도인은 언제나 예수님을 바라보아야 한다. 평안할 때에도 대언자이신 예수 그리스도를 바라보아야 하며, 고난 중에도, 환난 중에도 예수 그리스도를 바라보아야 한다. 예수 그리스도를 바라보기만 한다면 고난에도 오히려 은혜를 누릴 수 있다.

> "우리의 모든 환난 중에서 우리를 위로하사 우리로 하여금 하나님께 받는 위로로써 모든 환난 중에 있는 자들을 능히 위로하게 하시는 이시로다 그리스도의 고난이 우리에게 넘친것 같이 우리의 위로도 그리스도로 말미암아 넘치는도다 우리가 환난 받는 것도 너희의 위로와 구원을 위함이요 혹 위로 받는 것도 너희의 위로를 위함이니 이 위로가 너희 속에 역사하여 우리가 받는것 같은 고난을 너희도 견디게 하느니라" – 고린도후서 1장 4-6절

때때로 고난이 오히려 우리에게 유익이 된다. 고난 가운데 하나님의 뜻과 능력을 깨닫게 되고, 내 안에 여전한 죄성을 깨달으며 하나님만 더욱 의지하게 된다. 하나님은 우리의 고난을 통해 다른 사람의 유익이 되도록 역사하시며 고난보다 더 큰 영광을 내리사 조금씩 주님을 닮아가게 변화시켜 주신다.

> "너희 중에 고난 당하는 자가 있느냐 저는 기도할 것이요

즐거워하는 자가 있느냐 저는 찬송할찌니라"- 야고보서 5장 13절
"오직 너희가 그리스도의 고난에 참예하는 것으로 즐거
워하라 이는 그의 영광을 나타내실 때에 너희로 즐거워
하고 기뻐하게 하려 함이라"- 베드로전서 4장 13절

십자가의 예수님을 바라봄으로 구원받은 우리는 또한 시
험에 빠지지 않기 위해 대언자 예수 그리스도를 바라보아야
한다.

셋째, 다시 오실 예수님을 바라보아야 한다.

"오직 우리의 시민권은 하늘에 있는지라 거기로서 구원하
는 자 곧 주 예수 그리스도를 기다리노니"- 빌립보서 3장 20절

예수 그리스도의 초림은 주님을 기다리던 사람들에게만
나타났다. 예수님은 역사적으로도 분명히 이 땅에 오셨지
만, 명예와 물질에 사로잡힌 사람들은 구세주로 오신 예수님
을 발견하지 못했고 만나지 못했다. 그토록 구원자를 고대
하며 성경을 읽던 종교지도자들 역시 예수님을 발견하지 못
했다. 예수님은 성경을 많이 알고 보이는 신앙생활을 열심히
하는 사람이 아니라 정결한 마음으로, 진정으로 주님만을 바
라보고 사모하는 사람들에게만 나타나신다. 우리 또한 예수

님이 오실 당시의 종교지도자들처럼, 세상에 빠져 살던 사람들처럼 되지 말란 법이 없기에 비록 구원을 확신하며 신앙생활을 열심히 한다 하더라도 정신을 차리고 다시 오실 주님을 기다려야 한다. 어두움의 일을 벗고 깨끗하게 주님을 기다리며, 단정히 행할 때 주님을 만날 수 있기 때문이다.

> "또한 너희가 이 시기를 알거니와 자다가 깰 때가 벌써 되었으니 이는 이제 우리의 구원이 처음 믿을 때보다 가까웠음이니라 밤이 깊고 낮이 가까웠으니 그러므로 우리가 어두움의 일을 벗고 빛의 갑옷을 입자 낮에와 같이 단정히 행하고 방탕과 술취하지 말며 음란과 호색하지 말며 쟁투와 시기하지 말고" – 로마서 13장 11–13절

하늘의 때를 보고 비가 오는 것을 알 수 있는 것처럼 세상이 처한 상황을 보면 예수님이 오실 때를 알 수 있다. 인간이 감당할 수 없을 정도로 빠른 발전은 세상을 더욱 황량하게 만들며 많은 문제를 야기하고 있다.

역사학자 토인비는 "핵 전쟁으로 지구가 멸망하지 않는다 하더라도 인구폭발로 망할 것이다"라고 미래를 예견했으며 그 말을 증명이라도 하듯 각국의 지하자원들은 점점 바닥이 나고 있다. 물질적으로는 더없이 풍요로워지는 시대이지만 양극화는 점점 심해지며 부족한 것 하나 없는 이 시대를 많

은 사회학자들은 오히려 '위기의 시대', '혼란의 시대', '불안의 시대'라고 부르고 있다.

예수님이 다시 오실 때가 언제인지는 정확히 알 수 없으나 곧 오시리라는 사실은 성경에 비추어 누구나 짐작할 수 있는 상황인 것이다. 이와 같이 혼란한 시기에 우리는 무엇보다도 다시 오실 예수님을 바라보며 생활해야 한다. 세상에 현혹되지 않고 정결한 마음과 온전한 행실로 다시 오실 예수님을 맞을 준비를 해야 한다.

『귀족 출신인 톨스토이는 온갖 부귀영화를 누리며 부족함 없이 향락을 누렸지만 마음의 불안과 공포를 물리칠 수 없었다. 톨스토이는 산책을 하다 우연히 만난 한 농부의 얼굴에서 자신이 그토록 찾던 평온함을 목격했다. 평온함의 비결을 묻는 톨스토이에게 농부는 "단지 하나님을 의지하고 살 뿐"이라고 대답했다. 그날부터 향락을 멀리하고 하나님을 바라보기 시작한 톨스토이는 마음의 참된 평화를 찾았고, 이후 신앙의 고백이 깃든 여러 명작들을 책으로 펴내며 많은 사람들에게 선한 영향력을 미쳤다.』

다시 오실 주님을 바라보는 사람의 마음에는 언제나 기쁨과 평안이 넘친다.

결론

무엇을 바라보고 사느냐에 따라 인간의 삶은 크게 좌우된다. 세상을 바라보면 세속적인 삶을 살게 되고 주님을 바라보면 믿음의 삶을 살게 된다.

물질적으로는 더없이 풍요로워지지만 사람들의 영혼과 정신은 더없이 빈곤해지는 혼란한 이 시기에 그리스도인은 더욱더 구원자 예수 그리스도만을 바라보아야 한다.

우리를 죄에서 구하시고, 연약한 우리를 위해 대언하시며, 반드시 다시 오실 예수님을 바라볼 때에 구원의 감격을 놓치지 않고 살아갈 수 있다.

필요한 모든 것을 주시고, 이루신 주님은 세상의 모든 위기를 극복할 힘을 주시며 놀라운 소망을 우리에게 허락하신다. 주님이 다시 오실 그날까지 주님만을 바라보며 주님이 주시는 힘을 통해 믿음을 지키는 그리스도인이 되어 하나님께 영광을 돌리자.

2. 모든 것이 가능하다

"내가 주 안에서 크게 기뻐함은 너희가 나를 생각하던 것이 이제 다시 싹이 남이니 너희가 또한 이를 위하여 생각은 하였으나 기회가 없었느니라 내가 궁핍하므로 말하는 것이 아니라 어떠한 형편에든지 내가 자족하기를 배웠노니 내가 비천에 처할 줄도 알고 풍부에 처할 줄도 알아 모든 일에 배부르며 배고픔과 풍부와 궁핍에도 일체의 비결을 배웠노라 내게 능력 주시는 자 안에서 내가 모든 것을 할 수 있느니라" – 빌립보서 4장 10~13절

서론

세상의 모든 것을 창조하신 하나님께 불가능이란 없다. 하나님을 믿는 우리에게도 불가능한 일은 없으며 모든 것이 가능하다. 그러나 여기에는 한 가지 조건이 필요하다. 우리가 '주 안에' 있어야 하며 모든 일을 '주 안에서' 행해야 한다는 것이다.

"내게 능력 주시는 자 안에서 내가 모든 것을 할 수 있느니라" – 빌립보서 4장 13절

빌립보서에는 '주 안에'라는 말이 무려 16번이나 등장한다. 사람은 스스로의 힘으로 하늘을 날 수 없지만 비행기를 타면 하룻밤 사이에 지구 반대편까지도 갈 수 있다. 사람은 바다 위를 걸을 수 없지만 배를 타면 아무리 넓은 바다라도 편안하게 건널 수 있다. 마찬가지로 우리가 주 안에 있기만 하면 모든 것을 할 수 있다. 믿는 자들에게 생명과 평안과 사랑을 부어주시는 분이 주님이시기 때문이다. 나의 힘은 연약하지만 우리가 주 안에 있기만 하면 모든 근심을 해결할 큰 능력을 주님으로 인해 얻을 수 있다.

『프랑스의 황제 나폴레옹이 이탈리아를 정벌하려고 알프스를 넘던 중이었다. 산세를 확인하고 온 척후병은 얼굴이 새파랗게 질려 보고했다.

"알프스의 산세는 험하기 그지없습니다. 이 대군을 이끌고 넘는 것은 불가능합니다."

이 말을 들은 나폴레옹은 자신만만하게 대답했다.

"내 사전에 불가능이란 없다. 승리해 돌아가면 사전에서 '불가능'이란 단어를 모두 삭제할 것이다."

나폴레옹의 호언장담처럼 프랑스 군대는 전 유럽을 정복할 기세였다. 그러나 이 말을 한 뒤 1년도 채 되지 않아 워털루 전투에서 대패한 나폴레옹은 세인트헬레나라는 작은 섬에 유배되어 말년을 쓸쓸히 보냈다.』

역사상 아무리 뛰어난 천재도 모든 것이 가능한 사람은 없었으며 언젠가는 실패를 했다. 그럼에도 그리스도인에게는 불가능이 없다.

우리는 언제든지 다음 네 가지 행동을 할 수 있기 때문이다.

첫째, 언제든지 용서할 수 있다.

> "우리가 그리스도 안에서 그의 은혜의 풍성함을 따라 그의 피로 말미암아 구속 곧 죄 사함을 받았으니" – 에베소서 1장 7절

인간은 태생적으로 죄인이기 때문에 죄를 지으며 살 수밖에 없다.

> "모든 사람이 죄를 범하였으매 하나님의 영광에 이르지 못하더니" – 로마서 3장 23절

작은 거짓말을 처음 했던 순간을 기억하는가? 누구나 처음엔 마음이 두려워 떨리고 큰 죄책감을 느꼈을 것이다. 그러나 인간은 계속 반복해서 죄를 짓기 때문에 나중에는 여러 종류의 죄를 지으면서도 죄책감은 고사하고 '어쩔 수 없는

일'이라고 합리화하기까지 한다. 반복되는 죄로 양심이 둔해졌기 때문이다.

> "믿음과 착한 양심을 가지라 어떤이들이 이 양심을 버렸고 그 믿음에 관하여는 파선하였느니라" – 디모데전서 1장 19절

『그리스의 철학자 피타고라스에겐 한 제자가 있었다. 제자가 하루는 신발을 사러 갔다가 돈이 모자라 외상을 부탁했다. 며칠 뒤 돈을 마련해 가게로 찾아가니 문이 닫혀 있었다. 다음날도 그 다음날도 닫혀 있어 알아보니 사장이 급작스럽게 쓰러져 죽었다는 소문이 들렸다. 이 소식을 들은 제자는 신발값이 굳었다고 생각해 즐거운 마음으로 집으로 돌아왔다. 그런데 하루 이틀이 지나며 돈을 벌었다는 즐거움보다 남의 것을 도둑질했다는 죄책감이 엄습해왔다. 도저히 중압감을 이길 수 없던 제자는 문이 닫힌 가게에 찾아가 신발값은 그대로 놓고 와서야 마음 편히 살아갈 수 있었다.』

하나님은 모든 사람에게 일종의 안전장치로 양심을 주셨다. 양심을 잘 지키는 사람은 그리스도인이 아니더라도 세상에서 바르게 살아간다. 양심의 소리에만 귀를 기울여도 세상에서 어떤 일을 해야 하며 어떤 일을 하지 말아야 할지 우리는 쉽게 분간하며 살아갈 수 있다. 양심의 소리에 귀를 기울

이는 사람은 어떤 분야에서 무슨 일을 하든지 두각을 나타내며 사람들을 이롭게 한다.

반면에 죽은 양심을 가진 사람은 아무리 성공을 하고, 뛰어난 능력을 가졌다 하더라도 오히려 다른 사람에게 해를 끼치기만 한다. 이런 사람들은 때로는 한 개인을 죽이며, 때로는 한 민족을 망하게 하고, 때로는 전 세계에 위협이 된다,

> "모든 영혼이 다 내게 속한지라 아비의 영혼이 내게 속함 같이 아들의 영혼도 내게 속하였나니 범죄하는 그 영혼이 죽으리라" – 에스겔 18장 4절

제사장 엘리의 가정 역시 죄로 망했다.

인류 문화의 기원이 될 정도로 찬란한 문화를 자랑하던 바벨론도 죄로 망했으며, 나일강 언덕의 풍부한 곡물과 최신 과학의 금자탑을 자랑하던 이집트도 결국 죄 때문에 망했다. 철학과 법, 민주주의의 근간을 이룬 지성의 그리스도 죄 때문에 망했다.

"모든 길은 로마로 통한다."

최초의 '팍스 로마나'의 시대를 연 로마 제국도 죄 때문에 무너졌으며, 소돔과 고모라를 비롯한 성경의 수많은 지역과 인물들도 죄로 인해 멸망했다. 죄를 지은 인류는 결국 전부 다 망하게 된다. 죄를 더욱 조심해야 하는 이유는 죄가 물질

과 육신을 넘어 우리 영혼까지 망하게 하기 때문이다.

> "만일 네 손이 너를 범죄케 하거든 찍어버리라 불구자로 영생에 들어가는 것이 두 손을 가지고 지옥 꺼지지 않는 불에 들어가는 것보다 나으니라"– 마가복음 9장 43절

『경순왕이 통치하고 있던 신라시대는 성적으로 매우 음란하고 타락한 시대였다.

양심을 저버리지 않고 지키던 태자는 고관 대신은 물론 백성들까지 타락한 모습을 보고 통탄하며 항상 베옷을 입고 다녔다. 간혹 태자를 알현한 신하들이 베옷을 입은 이유를 물으면 "우리 민족이 죄 가운데 다 죽어 가는데 내 어찌 베옷을 입지 않을 수 있겠소?"라고 대답했다.

하루는 태자가 채비를 하고 공동묘지로 행차를 나갔다. 이 소식을 들은 신하들이 다급히 몰려와 왜 대낮부터 공동묘지를 가냐고 물었다.

"그 이유를 정녕 모르겠소? 나라 안에는 살아있는 충신이 하나도 없으니 죽어있는 충신이라도 만나러 가는 것이오."』

경순왕의 태자는 죄가 사람을 죽인다는 사실을 알고 있는 지혜로운 사람이었다. 그러나 안타깝게도 그 사실을 알고 있다 하더라도 인간의 힘으로는 죄의 문제를 도저히 해결할 수 없다. 그 문제를 해결할 유일한 분은 바로 예수 그리스도

이다.

"그가 우리 죄를 없이 하려고 나타내신바 된 것을 너희
가 아나니 그에게는 죄가 없느니라 그 안에 거하는 자마
다 범죄하지 아니하나니 범죄하는 자마다 그를 보지도
못하였고 그를 알지도 못하였느니라" - 요한1서 3장 5,6절

이미 죄를 저지른 사람은 어떤 방법으로도 그 죄를 없앨
수가 없다. 사람을 때린 손이 몇 번 씻는다고 죄가 사라지는
것이 아니듯이, 살인을 저지른 사람이 감옥에 10년, 20년을
살고 왔다고 해서 죄인이 아닌 건 아니다. 사회적으로는 자
유인이라 하더라도 하나님이 보시기엔 변함없는 죄인인 것
이다.

아담의 죄가 노아의 홍수 때 완전히 씻겨 사라지지 않았
고 모세의 율법으로도 죄를 없앨 수는 없었다. 죄는 오직 예
수 그리스도의 보혈을 통해 용서받을 수 있다. 예수님의 보
혈에는 한계가 없다. 어떤 사람이든 믿음으로 구원받고, 믿
음으로 용서받는다. 세리 삭개오도 주 안에서 새사람이 되었
고, 사마리아의 창녀도 주 안에서 새로운 삶을 살게 되었다.
방탕하기 이루 말할 수 없었던 이단아 어거스틴도 주님 안에
돌아와 성자가 되었다.

하나님은 예수 그리스도 안에서 우리의 모든 죄를 용서해 주신다. 세상의 그 누구에게서도 누릴 수 없는 놀라운 자비와 은혜를 예수님 안에서 그리스도인은 누릴 수 있으며, 하나님의 용서를 체험한 사람들은 다른 사람을 용서할 힘을 얻는다. 야곱과 에서가 그랬듯이, 요셉이 자기를 팔아넘긴 형제들을 대했듯이, 모세가 미리암을 용서하고, 스데반이 자기에게 돌을 던진 군중을 용서했듯이 예수 그리스도 안에서 우리도 모든 사람을 용서할 수 있다.

둘째, 언제든지 선을 행할 수 있다.

> "우리는 그의 만드신바라 그리스도 예수 안에서 선한 일을 위하여 지으심을 받은 자니 이 일은 하나님이 전에 예비하사 우리로 그 가운데서 행하게 하려 하심이니라"
> – 에베소서 2장 10절

잡초는 심는 사람이 없어도 어디서나 잘 자라는 풀이다. 심지어 열심히 뽑아도 어디선가 계속 뿌리를 내리고 자라난다. 죄 역시 잡초와 같다. 사람들은 누구에게 배우지 않아도 저절로 악을 행하지만 선은 아무리 배우고 노력해도 행하기가 쉽지 않다. "남에게 대접받고자 하는 대로 남을 대접하라"라는 말씀처럼 우리는 항상 남을 돕고 선을 행하려고 노력해야 한다. 물론 우리의 힘이 아닌 주님이 주시는 힘으로만 이런 일이 가능하다.

예수님이 나의 죄 대신 피를 흘리고 모든 고초를 겪으셨기에 우리는 죄에서 해방될 수 있었다. 그 고난을 생각할 때 조금의 억울함, 조금의 수고는 아무렇지 않게 여기며 선을 행할 수 있다. 나 대신 채찍을 맞으신 예수님을 떠올리며 선을 행해야 하며 나를 위해 십자가에서 돌아가신 예수님을 생각하며 선을 행해야 한다. 낮은 곳에 가서 전심으로 섬기신 예수님을 본받아 우리는 선을 행해야 한다.

『다음은 서울에 있는 한 교회의 부흥 비법으로 알려진 세 가지 수칙이다.
1. 장례식장에는 가장 먼저 찾아가 조의를 표한다. 입관을 부탁하면 절대 돈을 받지 않는다.
2. 병으로 고생하는 사람들을 정기적으로 찾아가 보살펴준다.
3. 사업에 실패한 가정이 있다면 정기적으로 찾아가 필요를 도우며 기도해 준다.
세 가지 법칙이지만 원리는 한 가지나 마찬가지다. 어렵고 힘든 이웃을 찾아가 먼저 도우며 예수님의 사랑을 자연스럽게 전하는 것이다. 예수님의 사랑은 그리스도인의 선행과 희생으로 믿지 않는 사람들의 마음속에 자연스럽게 전해질 수 있다.』

선을 행하는데 가장 큰 장애물 중 하나는 '낙심'이다.

좋은 마음으로 남을 돕다가도 오히려 욕을 먹는 경우가 있고, 엄청난 수고를 들여도 감사 인사 한 번 받지 못할 때도 많다. 그럼에도 우리는 선을 행해야 하며 낙심해서는 안 된다. 선행은 내 마음대로 해도 되고, 안 해도 되는 것이 아니라 반드시 해야 하는 하나님의 말씀이기 때문이다. 하나님은 우리에게 다음과 같이 말한다.

> "우리가 선을 행하되 낙심하지 말찌니 피곤하지 아니하면 때가 이르매 거두리라 그러므로 우리는 기회 있는대로 모든 이에게 착한 일을 하되 더욱 믿음의 가정들에게 할찌니라" – 갈라디아서 6장 9,10절

남이 알아주지 않아도 낙심하지 말아야 하며, 보답이 없어도 낙심하지 말아야 한다. 우리가 행한 선행은 반드시 주님이 갚아주신다. 때가 되면 생각지도 못한 방법으로 하나님께서 우리의 선행에 보답해 주신다. 우리가 할 일은 기회가 닿는 대로 성도뿐만 아니라 되도록 모든 사람에게 부지런히 선행을 베푸는 일이다.

『고대 그리스에서는 올림피아에서 4년에 한 번씩 지금의 올림픽의 전신이 된 운동 경기가 열렸다. 아테네와 라이벌 국가인 스파르타의 경기가 있던 날이었는데 너무도 많은 인파가 몰려 남아있

는 자리가 하나도 없었다. 경기를 보러 온 백발의 한 노인이 서 있다가 너무 힘들어 자리에서 쓰러졌는데 그 모습을 본 아테네 청년이 손가락질을 하며 외쳤다.

"서 있을 힘도 없는 노인네가 여기에는 왜 왔습니까? 관람에 방해가 되니 어서 집에 가서 쉬세요."

이 모습을 본 스파르타 청년 한 명이 노인을 부축해 자기 자리에 앉히고 대신 서서 경기를 관람했다. 자리에 앉은 노인은 스파르타 청년의 배려에 감동해 눈물을 흘리며 말했다.

"총명함을 자랑하는 아테네 사람들은 선이 무엇인지 알기만 했지만 무식하다고 놀림당하는 스파르타 사람들은 오히려 작은 선일지라도 행했다." 그리스도인은 이 스파르타 청년처럼 작은 선행 하나부터 일단 실천하는 삶을 살아야 한다.』

셋째, 언제든지 전도할 수 있다.

"하나님 앞과 산 자와 죽은 자를 심판하실 그리스도 예수 앞에서 그의 나타나실 것과 그의 나라를 두고 엄히 명하노니 너는 말씀을 전파하라 때를 얻든지 못 얻든지 항상 힘쓰라 범사에 오래 참음과 가르침으로 경책하며 경계하며 권하라" – 디모데후서 4장 1,2절

한국 교회의 성장 비결은 두말할 것도 없이 전도이다.

1955년 한국에는 4,000개의 교회와 100만 성도가 있었다. 10년 후인 1965년에는 8,000개의 교회와 200만 성도로 2배로 성장했다.

그로부터 다시 10년 뒤인 1975년에는 16,000개의 교회와 400만 성도로 성장했으며, 1985년에는 35,000개의 교회와 1,000만 성도로 폭발적인 성장을 이루었다. 이 놀라운 성장은 열정적인 전도의 결과다. 인구의 증가보다 교인의 증가가 4배나 많았으며 매일 15개 남짓의 교회가 생겨났다. 한국 전쟁 전후로 전 국토가 황폐화된 상황에서도 이런 부흥이 일어났다.

지금 성도들은 저마다의 이유와 핑계를 들어 지금 시대는 전도가 어렵다고 말하지만 상황으로만 놓고 보면 오히려 당시가 전도하기에 몇 배는 어려운 환경이었을 것이다. 전도란 어떤 상황에서도 가능하며, 어떤 환경에서도 우리는 전도해야 함을 잊어서는 안 된다. 전도는 하나님이 주신 사명이기 때문이다.

"이러므로 나의 매임이 그리스도 안에서 온 시위대 안과 기타 모든 사람에게 나타났으니 형제 중 다수가 나의 매임을 인하여 주 안에서 신뢰하므로 겁 없이 하나님의 말씀을 더욱 담대히 말하게 되었느니라" – 빌립보서 1장 13,14절 우리는 왜 전도에 목숨을 걸어야 하는가?
크게 다음의 여섯 가지 이유가 있다.

(1) 복음은 전해야 할 기쁘고 복된 소식이기 때문이다.

전도해야 하는 첫 번째 이유는 우리가 가진 복음이 모두에게 전해야 할 복되고 기쁜 소식이기 때문이다. 나를 사랑하신 하나님이 독생자 예수 그리스도를 세상에 보내주시고, 예수님의 희생을 통해 모든 죄악에서 구원하셨다는 소식만큼 기쁘고 복된 소식은 없다. 부고와 같이 나쁜 소식은 전하기 어렵지만 기쁜 소식은 몇 번을, 누구에게 전해도 더욱 힘이 나는 법이다. 우리가 가지고 있는 복음은 언제나, 누구에게나 전해야 할 기쁨의 소식이기 때문이 우리는 반드시 전도의 끈을 놓아서는 안된다.

(2) 모든 사람이 복음을 듣고 구원받기를 하나님이 원하시기 때문이다.

하나님은 세상의 모든 사람을 사랑하신다. 모든 사람이 하나님의 창조물이기 때문에 하나님은 결코 어떤 사람을 편애하지 않으신다. 하나님이 진정으로 바라시는 건 세상의 모든 사람이 복음을 듣고 구원을 받아 하나님과 화목을 이루는 것이다. 누구보다 많은 사람들에게 복음을 전했던 사도 바울은 하나님의 심정을 다음과 같이 표현했다.

"하나님은 모든 사람이 구원을 받으며 진리를 아는데 이르기를 원하시느니라" – 디모데전서 2장 4절

복음의 기쁨을 먼저 접한 우리가 복음을 증거하지 않으면 하나님이 원하시는 이 일은 이루어질 수가 없다.

(3) 한 영혼이 온 천하보다 귀하기 때문이다.

사람에게 생명보다 소중한 것은 없다. "온 천하를 얻고도 목숨을 잃으면 아무 소용이 없다"라는 예수님의 말씀처럼 구원받을 한 영혼은 온 천하보다 소중하다. 단 한 명이라도 복음을 전해 예수님을 믿게 한다면 그 사람 인생에서 그보다 가치 있는 일은 없을 것이다. 세상의 그 무엇보다 값진 일이 바로 전도라는 사실을 우리는 잊지 말아야 한다. 복음을 전함으로 영혼을 구원하는 일은 세상의 그 어떤 일보다 귀한 일이므로 우리는 시시때때로 복음을 전해야 한다.

(4) 믿지 않는 사람은 심판을 받기 때문이다.

하나님의 심판은 이미 정하신 것으로 누구도 피할 수 없다. 주님을 믿지 않는 사람은 죽음 뒤의 지옥을 피할 수 있는 방법이 없다. "나는 복음을 믿기 때문에 지옥에 가지 않는다"에서 생각이 멈추는 것이 아니라 "다른 사람이 지옥에 가지 않도록 복음을 전해야 한다"까지 생각이 이어져야 더욱 열심히 전도할 수 있다.

예수님이 나의 죄를 대신해 십자가에서 돌아가셨다는 복음은 믿는 사람에게는 지옥의 형벌을 피할 수 있는 기쁜 소식이지만 복음을 모르거나 알면서도 믿지 않는 사람에게는 더없이 두려운 소식이다. 누구도 피할 수 없는 죽음 뒤에 정해진 심판이 있으며 예수님의 보혈 외에는 그 심판을 피할 어떤 방법도 없다는 소식이 복음이기 때문이다. 지옥의 심판은 세상에서의 감옥과 같이 언젠가 끝나는 형벌이 아닌 영원불멸의 고통이라는 사실을 기억해야 한다. 다른 사람에게 우리가 줄 수 있는 가장 귀한 선물은 바로 예수님의 복음이다.

(5) 전도는 주님의 명령이기 때문이다.

전도는 교회가 성도수를 늘리려고 성도들에게 강요하는 일이 아니다. 세상에 오신 예수님이 제자들에게 분명히 말씀하신 지상 명령이다. 주님을 정말로 사랑하며 그분의 말씀에 순종하길 원한다면 충성하는 것이 올바른 그리스도인이다. 전도를 해야 하는 가장 중요한 이유 중 하나는 우리의 주인이신 예수님이 우리에게 명하셨기 때문이다.

"또 가라사대 너희는 온 천하에 다니며 만민에게 복음을 전파하라" - 마가복음 16장 15절

"오직 성령이 너희에게 임하시면 너희가 권능을 받고 예루살렘과 온 유대와 사마리아와 땅 끝까지 이르러 내

증인이 되리라 하시니라" – 사도행전 1장 8절

(6) 전도하지 않으면 우리가 책임을 지기 때문이다.

　전도를 게을리하느라 복음을 전해야 할 사람에게 마땅히 전하지 못한다면 예수님은 그 핏값을 우리에게서 찾으시겠다고 말씀하셨다. 복음을 전했지만 상대방이 받아들이지 않는다면 어쩔 수 없는 일이지만 복음을 전해야 할 상황에서 의무를 기피하다 상대방이 그대로 심판을 받는다면 그 화가 우리에게 미칠 것이라고 말씀은 분명히 경고하고 있다. 이런 이유로 우리는 어떤 상황에서도 전도해야 하며, 전도에 대한 열정과 책임감을 품고 있어야 한다.

　　"네가 악인을 깨우치되 그가 그 악한 마음과 악한 행위에서 돌이키지 아니하면 그는 그 죄악 중에서 죽으려니와 너는 네 생명을 보존하리라 또 의인이 그 의에서 돌이켜 악을 행할 때에는 이미 행한 그 의는 기억할바 아니라 내가 그 앞에 거치는 것을 두면 그가 죽을찌니 이는 네가 그를 깨우치지 않음이라 그가 그 죄 중에서 죽으려니와 그 피 값은 내가 네 손에서 찾으리라" – 에스겔 3장 19,20절

　　"내가 복음을 전할찌라도 자랑할 것이 없음은 내가 부득불 할 일임이라 만일 복음을 전하지 아니하면 내게 화

가 있을 것임이로라" – 고린도전서 9장 16절

넷째, 언제든지 인내할 수 있다.

인생은 고난의 연속이다. 비록 전능하신 하나님의 자녀가 되는 놀라운 은총을 입었지만 여전히 우리의 삶에는 갖가지 고난과 고통이 찾아온다. 성경에 기록된 하나님의 사람들도 이해할 수 없는 숱한 고난을 겪으며 하나님의 뜻을 이루어 갔다. 요셉은 억울한 누명을 쓰고 감옥에 갇혔으며, 침례(세례) 요한도 감옥에 갇혀 죽을 고생을 했다. 주님의 제자들은 부귀와 영화가 아닌 멸시와 핍박을 당했으며 대부분 순교 당했다. 사도 바울 역시 굶주림과 매 맞음의 고통을 참으며 복음을 전했고, 욥은 하루아침에 모든 자녀와 재산을 잃는 재난 급의 고난을 당했다. 그리스도인 역시 세상 사람들과 마찬가지로 혹은 더 심한 고난을 겪을 수 있다.

"저희가 그리스도의 일군이냐 정신 없는 말을 하거니와 나도 더욱 그러하도다 내가 수고를 넘치도록 하고 옥에 갇히기도 더 많이 하고 매도 수없이 맞고 여러번 죽을뻔 하였으니 유대인들에게 사십에 하나 감한 매를 다섯번 맞았으며 세번 태장으로 맞고 한번 돌로 맞고 세번 파선 하는데 일주야를 깊음에서 지냈으며 여러번 여행에 강

의 위험과 강도의 위험과 동족의 위험과 이방인의 위험
과 시내의 위험과 광야의 위험과 바다의 위험과 거짓 형
제 중의 위험을 당하고 또 수고하며 애쓰고 여러번 자지
못하고 주리며 목마르고 여러번 굶고 춥고 헐벗었노라
이 외의 일은 고사하고 오히려 날마다 내 속에 눌리는
일이 있으니 곧 모든 교회를 위하여 염려하는 것이라 누
가 약하면 내가 약하지 아니하며 누가 실족하게 되면 내
가 애타하지 않더냐" – 고린도후서 11장 23-29절

고난을 당하고 싶은 사람은 한 명도 없을 것이다.

하지만 주님을 위해 당하는 고난은 오히려 우리에게 유익
이 된다. 구원받은 후 우리 삶의 모든 걸음은 주님 안에 있음
을 믿는다면 어떤 고난이 와도 인내할 수 있다. 성도의 고난
에는 우리가 알지 못하는 하나님의 크신 뜻과 유익이 담겨
있다. 고난을 통해 하나님의 뜻을 알 수 있다면 이는 유익이
다. 고난을 통해 하나님의 뜻대로 살 수 있다면 이 역시 축복
이다. 하나님의 뜻대로 행하며 당하는 고난은 우리에게 장차
큰 유익이 된다.

그리스도인의 삶에는 주님의 능력이 있기에 불가능한 일
이 없다. 그러나 때때로 고난이 찾아올 때도 있다. 이 고난이
고난으로 끝나지 않는다는 사실을 믿을 때 우리는 인내함으
로 고난을 능히 감당할 수 있다.

"자녀이면 또한 후사 곧 하나님의 후사요 그리스도와 함께한 후사니 우리가 그와 함께 영광을 받기 위하여 고난도 함께 받아야 될 것이니라 생각건대 현재의 고난은 장차 우리에게 나타날 영광과 족히 비교할 수 없도다"-

로마서 8장 17,18절

결론

하나님은 전지전능하신 분이시기에 불가능이란 없다.

그 하나님이 우리가 그리스도 안에 있을 때 모든 것이 가능하다고 말씀하셨기에 우리에게도 마찬가지로 불가능이란 존재할 수 없다. 이 능력이 있는 사람과 그렇지 않은 사람의 가장 큰 특징은 네 가지로 나타난다.

첫째, 언제든지 용서할 수 있는 힘이다.

이 세상에서 가장 아름다운 것은 용서이자 화해이다. 사람의 힘으로는 완전한 용서와 화해가 불가능하지만 예수님을 힘입은 우리는 진심으로 용서할 수 있다.

둘째, 언제든지 선을 행할 수 있는 힘이다.

세상이 나날이 발전하고 풍요로워질수록 사람들은 자기 잇속만 채우려고 점점 탐욕스러워지고 있다. 이런 세상 속에서도 그리스도인은 양심을 잃지 않고 주님의 말씀을 힘입어 오히려 남을 위해 베풀고 도우며 선을 행할 수 있다.

셋째, 언제든지 전도할 수 있는 힘이다.

그리스도 안에 항상 머물러 있는 사람은 언제든지 전도가 가능하다. 전도가 주님께서 우리에게 바라시는 일이며, 우리에게 내리신 명령이며, 우리에게 전도할 힘을 주시기 때문이다.

넷째, 언제든지 인내할 수 있는 힘이다.

주님의 능력에 힘입어 사는 삶이라 하더라도 고난은 찾아온다. 그러나 이 고난은 하나님의 뜻을 알게 하고 오히려 유익이 되는 축복이다. 고난을 통해 하나님을 더 깊이 알게 되고 예수님을 닮아갈 수 있기 때문에 고난에도 감사하며 인내함으로 믿음을 지켜야 한다.

"내게 능력 주시는 자 안에서 내가 모든 것을 할 수 있느니라" – 빌립보서 4장 13절

3. 예수님의 마음

"그러므로 그리스도 안에 무슨 권면이나 사랑에 무슨 위로나 성령의 무슨 교제나 긍휼이나 자비가 있거든 마음을 같이 하여 같은 사랑을 가지고 뜻을 합하며 한 마음을 품어 아무 일에든지 다툼이나 허영으로 하지 말고 오직 겸손한 마음으로 각각 자기보다 남을 낮게 여기고 각각 자기 일을 돌아볼 뿐더러 또한 각각 다른 사람들의 일을 돌아보아 나의 기쁨을 충만케 하라 너희 안에 이 마음을 품으라 곧 그리스도 예수의 마음이니" – 빌립보서 2장 1–5절

서론

"사람의 마음에 곧 답이 있다"라고 여기며 외부가 아닌 내부에 집중함으로 이른바 '깨달음'에 다다를 수 있다고 주장하는 많은 종교들이 있다. 많은 사람들이 이런 종교에 매력을 느껴 오랜 기간 수양하곤 하는데 대부분이 한계를 느끼고 만다. 사람은 죄에서 벗어날 수 없는 분명한 한계를 지닌 존재이기 때문이다. 성경은 사람의 마음은 죄에서 벗어날 수 없는 부패한 사슬에 묶여 있다고 분명히 증언한다.

"만물보다 거짓되고 심히 부패한 것은 마음이라 누가

능히 이를 알리요마는" - 예레미야 17장 9절

한 우리 안에 오리와 꿩이 있다고 생각해 보자.

같은 공간에 있다고 해서 같은 마음을 가진 것은 아니며 하물며 똑같은 짐승도 아니다. 오리의 마음은 물에 있고 꿩의 마음은 숲에 있을 것이다. 마찬가지로 사람의 마음에는 온갖 상념과 어지러움이 있기 때문에 아무리 같은 방식으로 수양을 하고 스스로를 벗어던지려 해도 결국은 한계에 부딪히게 된다. 다른 종교가 말하는 것처럼 '태초 그대로의 마음'으로 돌려놓을 때 깨달음을 얻는 것이 아니라 빌리 그래함 목사의 말처럼 "사람의 마음을 고쳐야" 구원받을 수 있고 세상을 고쳐나갈 수 있다.

예로부터 사람의 마음은 다섯 가지 욕구와 일곱 가지 감정이 지배한다고 전해진다. 이기와 탐욕이 점철된 세상에서 해방될 수 있는 유일한 방법은 오직 한 가지 예수 그리스도뿐이다.

『춘추전국시대 송나라 사람 범문공이 관상가를 찾아가 자신이 재상이 될 수 있겠냐고 물었다. 관상가는 범문공의 얼굴을 한참 살펴보더니 도저히 재상이 될 팔자가 아니라고 답했다. 범문공은 그러면 의사는 될 수 있겠냐고 물었다. 당시 중국에서 의사는 가장 천한 직업이었기 때문에 관상가는 범문공의 질문을 이상하게 여겼다.

"왜 한 번은 가장 높은 관직인 재상의 꼴을 보아달라고 하고 한 번은 가장 천한 직업인 의사의 관상을 보아달라고 묻습니까? 재상이 아니면 관리라도 되어야 하지 않겠습니까?"

"내가 재상이 되려는 것은 도탄에 빠진 백성을 구하고자 함이오. 만약 재상이 될 수 없어 백성들의 비탄한 삶을 구해줄 수 없다면 의사가 되어 다친 몸이라도 고쳐주어야 하지 않겠소?"

이 말을 들은 관상가는 탄복하며 말했다.

"내가 보는 모든 관상으로는 당신은 도저히 재상이 될 순 없소. 하지만 마음의 심상(心相)을 보니 재상이 되고도 남을 것이오."

독립운동가 김구 선생 역시 평소에 관상과 기운이 좋지 못하다는 소리를 많이 들었다. 그러나 한 사람에게 "얼굴 좋음이 몸 좋음만 못하고, 몸 좋음이 마음 좋음만 못하니 큰일을 하는 데에 있어 마음을 쓰지 말게"라는 말을 듣고 최선을 다해 나라의 독립을 위해 크게 쓰임 받을 수 있었다. 』

우리도 우리의 마음에 예수님의 마음을 품어야 한다. 우리의 힘으로는 도저히 불가능한 변화가 예수님의 마음을 통해 일어난다. 사람이 변해야 사회가 변하고, 사회가 변해야 국가와 인류가 변화된다. 예수님의 마음을 품는 것은 세상을 더 아름답게 변화시키는 일의 시발점이다.

"누가 주의 마음을 알아서 주를 가르치겠느냐 그러나 우리가 그리스도의 마음을 가졌느니라" – 고린도전서 2장 16절

예수 그리스도의 마음은 과연 어떤 마음일까? 우리는 다음과 같은 예수님의 세 가지 마음을 품어야 한다.

첫째, 정결한 마음

"주를 향하여 이 소망을 가진 자마다 그의 깨끗하심과 같이 자기를 깨끗하게 하느니라" – 요한1서 3장 3절

세상의 그 어떤 것에도 완벽함이란 존재하지 않는다. 평생 많은 사람들에게 칭송받으며 존경받던 위인들도 자세히 연구해보면 논란이 될 만한 약점들이 매우 많다. 아담의 후손인 인간은 결코 완전할 수가 없다. 오직 주님만이 흠과 점이 없는 순결한 어린 양으로 세상에 오셨다. 그래서 우리는 타락한 인간의 마음이 아닌 정결한 예수님의 마음을 품어야 한다. 예수님과 같이 정결한 마음을 품기 위해선 먼저 우리 마음을 깨끗이 정리해야 한다. 가장 신경 써서 버려야 할 네 가지 마음은 다음과 같다.

(1) 탐심

"욕심이 잉태한즉 죄를 낳고 죄가 장성한즉 사망을 낳느니라" – 야고보서 1장 15절

주님보다 세상을 사랑하고, 자신만을 아는 마음이 탐심의 토대다. 탐심을 가진 사람은 돈이나 명예, 권력이 삶에서 추구해야 할 가치라고 생각하기에 하나님을 의지하지 않고 다른 우상을 섬긴다. 탐심은 사람을 이기적으로 만들고 물질만 추구하는 황금만능주의자로 만든다. 다른 사람의 형편에는 조금도 관심이 없으며 오직 자기 재산과 안위만을 지키려고 시종일관 근심한다. 더 많은 부를 쌓고 성공하기 위해 정직하지 못한 삶을 사는 경우도 많고 가족이나 이웃과도 불화를 일으킨다. 탐심이 마음에 있는 사람은 하나님을 불신하고 원망하지만 모든 것의 원인은 탐욕이 가득한 스스로의 마음이다.

탐심은 모든 사람이 조심해야 할 인간의 본성이다. 자기도 모르게 욕심을 내고 있지 않은지 스스로 조심해야 하며, 작은 이익이라도 불의를 통한 이득이라면 과감하게 포기해야 한다. 마귀는 세상의 행복이 외부의 조건에 달려 있다고 속삭이지만 하나님은 사람을 결코 그렇게 창조하지 않으셨다. 주님이 주신 것에 항상 감사하며 살아갈 때 탐심의 유혹을 물리칠 수 있다.

(2) 미움

"그 형제를 미워하는 자마다 살인하는 자니 살인하는
자마다 영생이 그 속에 거하지 아니하는 것을 너희가 아
는 바라"– 요한1서 3장 15절

예수님을 알지 못하는 사람에게는 진정한 사랑이 없다. 사
랑이 없는 사람은 작은 다툼에도 다른 사람을 미워하게 되
고, 이 미워하는 마음이 모든 죄의 단초가 된다. 아주 사소한
문제로 다투기 시작하고, 가족도 의절하고, 때때로 모르는
사람을 죽이기까지 하는 뉴스를 하루에도 심심찮게 목격할
수 있다. 진정한 사랑을 모르기 때문에 이런 참극이 벌어지
는 것이다.

작은 미움도 살인의 시작이다. 그리스도의 마음을 닮기 위
해서는 작은 미움도 멀리하고 다른 사람의 실수를 적극적으
로 용서하고 사랑하는 마음을 가져야 한다.

(3) 교만

"젊은 자들아 이와 같이 장로들에게 순복하고 다 서로
겸손으로 허리를 동이라 하나님이 교만한 자를 대적하
시되 겸손한 자들에게는 은혜를 주시느니라 "– 베드로전서 5
장 5절

교만은 하나님을 향한 죄이기 때문에 가장 조심해야 하며 가장 멀리해야 한다. 교만 때문에 루시퍼가 사탄이 됐으며, 교만 때문에 아담과 하와는 에덴동산에서 쫓겨났다. 모든 사람이 하나님의 창조물이며, 각자를 향한 하나님의 사랑과 계획이 있다는 사실을 잊지 않을 때 다른 사람을 무시하지 않고 하나님 앞에 교만하지 않을 수 있다.

교만은 패망의 선봉이며 정상에 서 있는 사람도 한 번에 넘어트린다. 빈 수레가 더 요란한 법이라는 말을 기억하라. 주님의 마음을 닮기 위해서는 교만을 버려야 한다.

(4) 거짓

"거짓 입술은 여호와께 미움을 받아도 진실히 행하는 자는 그의 기뻐하심을 받느니라" – 잠언 12장 22절

미국 캘리포니아대학의 제럴드 제리슨 교수의 연구에 따르면 사람은 하루에 평균 200번의 거짓말을 한다고 한다. 환산하면 약 8분에 한 번씩 거짓말을 하는 것이다. 거짓은 우리 삶에 너무 깊게 들어와 대부분의 사람들이 무감각해졌다.
"다른 사람들도 다 해."
"이 정도는 괜찮지 않아?"
이런 생각이 거짓을 우리 삶 속으로 더욱 깊이 끌어들이고 있다는 사실을 기억하자. 진리와 거짓은 결코 양립할 수 없

다. 진리의 빛을 우리에게 비춰주시는 주님을 힘입어 마음속의 모든 거짓을 밀어내야 한다.

『프랑스의 청렴한 정치인 듀가가 리옹 시의 시장이었던 때의 일이다.

제빵 조합의 조합장이 거금이 든 가방을 들고 사무실을 찾아왔다.

"인건비와 재료비가 많이 올라 운영이 쉽지 않습니다. 빵 값 인상을 승인해 주십시오. 이 서류 가방은 여기에 두고 가겠습니다. 안에 들어있는 물건은 원하시는 대로 사용하셔도 됩니다. 무슨 뜻인지 잘 아시리라 믿습니다."

한 시의 시장에게도 유혹이 될 만한 큰 액수였지만 아무리 생각해도 개인의 이득으로 시민들의 식생활에 큰 어려움을 줄 수는 없었다. 듀가가 몇 주째 빵 값 인상을 승인하지 않자 조합장이 다시 찾아와 돈을 받고는 왜 가격을 올려주지 않느냐고 따졌다.

"여러 가지 사안을 종합해본 결과 빵 가격을 당분간 올리지 않아도 괜찮겠다는 판단이 듭니다. 전에 저에게 맡겨주신 물건은 '제빵 조합'의 이름으로 전액 기부를 했으니 걱정하지 않으셔도 됩니다."

조합장은 시장이 건네준 기부 영수증을 받고 얼굴이 빨개져 한 마디도 못하고 돌아갈 수밖에 없었다.』

우리 사회와 가정, 회사와 교회에 많은 문제가 있는 이유는 사람의 청결하지 못한 마음 때문이다. 모든 사람이 예수님과 같은 청결한 마음을 가진다면 법이 없어도 세상은 천국 같을 것이다. 반면 사람들 마음에 미움과 교만, 거짓과 탐심이 가득하다면 아무리 지상낙원 같은 곳이 완성된다 하더라도 지옥 같은 끔찍한 일들만 일어날 것이다. 그리스도인은 다른 무엇보다 스스로의 마음을 정결하게 함으로 예수님을 닮아가고자 노력해야 한다.

둘째, 겸손한 마음

"수고하고 무거운 짐진 자들아 다 내게로 오라 내가 너희를 쉬게 하리라 나는 마음이 온유하고 겸손하니 나의 멍에를 메고 내게 배우라 그러면 너희 마음이 쉼을 얻으리니" – 마태복음 11장 28,29절

예수님은 하나님과 동등하신 분으로 세상에 우리를 구원하려고 오셨으며 사람은 그의 피조물일 따름이다. 그럼에도 예수님과 사람의 마음을 비교해 보면 마치 상황이 바뀐 것과 같을 정도로 크나큰 차이가 있다. 예수님은 하나님이시나 종으로 우리를 섬기러 오셨고, 하늘의 보좌를 버리고 말 구유에서 나셨다. 하늘의 권세를 버리고 목수의 연장을 잡으셨고, 모든 사람을 가르칠 선생이시면서도 제자들의 발을 손수

씻기셨다. 예수님의 삶은 겸손의 표본이라 해도 과언이 아니다.

우리의 삶은 어떤가? 돈을 남들보다 더 가지기만 해도, 지식이 조금 더 많다고 해도, 권세가 조금 더 높다고 해도 지체 없이 자기 자랑에 여념이 없고 남들을 무시하기 일쑤다. 교회 내에서도 기도를 조금 더 많이 하거나 대표 기도를 청산유수처럼 한다고 다른 사람들을 무시하는 사람들이 있다. 헌금을 많이 한다고 이름을 드러내며 오히려 하나님의 뜻대로 사는 사람들을 시기하고 질투함으로 험담을 하는 경우도 많다.

> "교만은 패망의 선봉이요 거만한 마음은 넘어짐의 앞잡이니라"– 잠언 16장 18절

교만은 한 가지 죄일지 몰라도 죄의 양상은 수천 가지다. 하나님께 선택받음으로 쓰임 받던 사람들도 한 번의 교만으로 무너진 사람들이 많다. 느부갓네살 왕도 교만으로 망했고, 헤롯 왕도 교만함으로 목숨을 잃었다. 하만도 오만하여 하나님과 대적하다 온 가족이 패가망신 당했다. 하나님은 진실로 교만한 사람을 물리치시고 겸손한 사람에게 은혜를 베푸신다. 그럼에도 우리는 스스로 높아지려 하고 잘못된 겸손으로 오히려 하나님께 죄를 짓는 신앙생활을 한다.

> "무릇 마음이 교만한 자를 여호와께서 미워하시나니 피차 손을 잡을지라도 벌을 면치 못하리라"– 잠언 16장 5절

『기독교가 우리나라에 전파된 지 얼마 안 된 시기에 있었다고 전해지는 이야기다.

어느 농촌의 유지 한 사람이 복음을 믿고 열심히 신앙생활을 했다. 추수감사절에는 쌀을 두 가마니나 바칠 정도로 열심이었다. 유지의 신앙이 대단하다며 마을 사람들은 그를 볼 때마다 추켜세웠다. 그런데 어쩐 일인지 어느 순간부터 유지는 교회에 나오기를 않았다. 목사님이 심방도 가고, 친했던 성도들이 찾아갔지만 집 안으로 들이지도 않고 돌려보냈다. 시간이 흐르자 유지가 교회에 나오지 않은 이유가 밝혀졌다. 성찬식 때 침례(세례)를 받지 않았다고 떡과 포도주를 주지 않았기 때문이었다.

"내가 그동안 교회에 바친 쌀이 얼만데 그깟 포도주랑 떡을 뭐라고 자기끼리만 먹습니까? 그런 인색한 사람들만 모인 교회는 내 다시는 안 나가리다!"

오해에서 생긴 안타까운 사건으로 생각할 수도 있지만 유지의 신앙은 남들의 인정을 받으려고 외식했던 신앙, 성찬식용 포도주와 떡만한 신앙, 딱 그 정도였던 것이다.』

교만의 함정에 빠지지 않고 겸손하기 위해서 다음의 다섯 가지 사항을 지켜야 한다.

- 내가 죄인이었다는 사실, 그 죄를 용서해 주신 주님의 은혜를 기억하라.
- 매일 짓는 죄를 회개하는 시간을 가지라.
- 나에 대한 다른 사람의 비난에 대응하지 말고 인정

하라.

- 자존심을 내려놓고 주님을 생각하며 겸손한 마음을 품으라.
- 모든 영광을 오직 하나님께만 돌리라.

그리스도인의 진정한 성공은 스스로 높이는 것이 아니라 하나님이 높여주심으로 완성된다. 하나님은 겸손한 사람을 높이 들어 사용하시고, 겸손한 사람에게 분에 넘치는 축복을 부어주신다. 가장 겸손한 사람이 천국에서는 가장 큰 사람이 된다.

『'민족의 스승' 조만식 선생이 나라를 위해 중요한 회의를 하다가 예배 시간에 조금 늦은 적이 있었다.

주기철 목사는 설교를 멈추고 다음과 같이 말했다.

"조 장로님. 오늘은 자리에 앉지 마시고 뒤에 서서 예배를 드리십시오."

이 말을 들은 성도들은 화들짝 놀랐다. 조만식 선생은 주기철 목사를 키워낸 스승이었기 때문이다. 자존심이 크게 상할 수 있는 일이었지만 조만식 선생은 두말없이 자리에서 일어나 서서 예배를 드렸다. 예배가 끝나고 조만식 선생에게 주기철 목사가 기도를 부탁했다.

"하나님, 저의 죄를 용서해 주십시오. 거룩한 주일날 다른 핑계를 대고 하나님 만나는 것보다 사람과 만나는 일을 더 중요하게 여겼습니다. 성도들에게 본이 되지 못하고 주님의 종의 마음을 상하게 한 것을 회개합니다. 용서하여 주소서."

스승과 제자를 넘어서 주님의 종에 순종함으로 진정으로 회개하는 이 기도를 듣고 모든 성도들이 눈물을 흘렸다.』

셋째, 희생의 마음

"내가 진실로 진실로 너희에게 이르노니 한 알의 밀이 땅에 떨어져 죽지 아니하면 한 알 그대로 있고 죽으면 많은 열매를 맺느니라" - 요한복음 12장 24절

『'최권능'이라는 이름으로 더 잘 알려진 최봉석 목사는 33세에 예수님을 믿었고 45세가 돼서야 목사 안수를 받았다. 최 목사는 "예수 천당"만을 외치며 평양의 온 거리를 돌아다니며 전도했다. 신사참배를 거부하다 옥고를 치르면서도 "예수 천당"만은 쉬지 않았다. 죽는 순간까지 "예수 천당 불신 지옥"을 외치던 최 목사는 찬송을 부르다 숨을 거두었는데 그 모습을 지켜보던 사람들에 따르면 세상 사람에게는 볼 수 없는 평안과 기쁨이 가득한 얼굴이었다고 한다.』

양초가 스스로를 태워 불을 밝히듯이 주님은 십자가에서 우리를 위한 희생을 감내하시면서 구원을 이루셨다. 성경은

큰일에는 언제나 희생이 따른다고 말하고 있으며 예수님도 희생이 가장 큰 사랑의 표현이라고 말씀하셨다.

> "사람이 친구를 위하여 자기 목숨을 버리면 이에서 더 큰 사랑이 없나니" – 요한복음 15장 13절

아브라함은 독자 이삭을 드림으로 하나님을 섬겼고, 사도 바울은 다메섹 도상 이후의 모든 삶을 오직 주님만을 위해 살았다. 한국 교회의 부흥도 수많은 순교자들의 눈물 어린 희생으로 이루어졌다.

> "또 내가 들으니 하늘에서 음성이 나서 가로되 기록하라 지금 이후로 주 안에서 죽는 자들은 복이 있도다 하시매 성령이 가라사대 그러하다 저희 수고를 그치고 쉬리니 이는 저희의 행한 일이 따름이라 하시더라" – 요한계시록 14장 13절

지금은 예전처럼 목숨까지 바치는 희생이 필요한 시대는 아니다. 그럼에도 남을 위해 크고 작은 것을 희생할 때 우리는 예수님의 마음을 알아가게 되고 예수님의 마음을 닮아가게 된다. 예수님은 자신을 위해 희생하고 고난을 당하는 사람에게 큰 상을 내려주신다.

"네가 장차 받을 고난을 두려워 말라 볼찌어다 마귀가
장차 너희 가운데서 몇 사람을 옥에 던져 시험을 받게
하리니 너희가 십일 동안 환난을 받으리라 네가 죽도록
충성하라 그리하면 내가 생명의 면류관을 네게 주리라"

– 요한계시록 2장 10절

결론

그리스도인의 삶답게 우리의 삶이 변화되기 위해선 우리
의 마음이 먼저 변화되어야 한다. 사람의 태생은 악하기 때
문에 우리의 노력만으로는 결코 마음을 변화시킬 수 없다.
우리 구주 되시고, 우리를 구원하신 예수 그리스도의 마음을
묵상하고 본받음으로써만 우리의 마음을 변화시킬 수 있다.
우리가 본받아야 할 주님의 마음은 다음과 같다.

첫째, 정결한 마음이다.
세상의 권세에 좌지우지되지 않고 오직 하나님의 뜻대로
살아가기 위해선 주님의 정결한 마음을 배워 깨끗한 삶, 거
룩한 삶을 살아야 한다.

둘째, 겸손한 마음이다.
만왕의 왕이신 주님은 가장 낮은 곳에, 낮은 사람들을 찾

아가사 섬김으로 겸손의 표본을 보여주셨다. 예수님을 본받아 누구에게나 겸손한 자세로 대하며 교만의 죄를 멀리해야 한다.

셋째, 희생의 마음이다.

주님이 보여주신 십자가의 희생은 세상에서 가장 고귀한 희생과 사랑이다. 십자가의 희생을 경험하고 체험한 우리는 마찬가지로 우리가 할 수 있는 선에서 남들을 위해 희생하며 복음의 씨앗을 뿌리는 삶을 살아야 한다.

4. 하나님을 잊지 말자

"내가 오늘날 네게 명하는 여호와의 명령과 법도와 규례를 지키지 아니하고 네 하나님 여호와를 잊어버리게 되지 않도록 삼갈찌어다 네가 먹어서 배불리고 아름다운 집을 짓고 거하게 되며 또 네 우양이 번성하며 네 은금이 증식되며 네 소유가 다 풍부하게 될 때에 두렵건대 네 마음이 교만하여 네 하나님 여호와를 잊어버릴까 하노라 여호와는 너를 애굽 땅 종 되었던 집에서 이끌어 내시고 너를 인도하여 그 광대하고 위험한 광야 곧 불뱀과 전갈이 있고 물이 없는 간조한 땅을 지나게 하셨으며 또 너를 위하여 물을 굳은 반석에서 내셨으며 네 열조도 알지 못하던 만나를 광야에서 네게 먹이셨나니 이는 다 너를 낮추시며 너를 시험하사 마침내 네게 복을 주려 하심이었느니라 또 두렵건대 네가 마음에 이르기를 내 능과 내 손의 힘으로 내가 이 재물을 얻었다 할까 하노라 네 하나님 여호와를 기억하라 그가 네게 재물 얻을 능을 주셨음이라 이같이 하심은 네 열조에게 맹세하신 언약을 오늘과 같이 이루려 하심이니라 네가 만일 네 하나님 여호와를 잊어버리고 다른 신들을 좇아 그들을 섬기며 그들에게 절하면 내가 너희에게 증거하노니 너희가 정녕히 멸망할 것이라" – 신명기 8장 11-19절

서론

심리학자 헤르만 에빙하우스 박사는 16년 동안 '망각'에 대해서 연구했는데 박사의 연구에 따르면 인간은 일어난 일들을 10분 후부터 망각하기 시작해 1시간 뒤에는 50%, 하루 뒤에는 일어난 일의 70%를 잊는다고 한다. 아무리 머리가 좋은 사람도 특별한 경우가 아니면 한 달 뒤에는 일어난 일의 80%를 잊는다고 한다.

우리는 생각보다 중요한 사실을 곧잘 잊곤 한다.

그래서 철학자 니체는 "인간은 망각의 동물이다"라고 말했고 독일의 대문호 괴테는 "인간은 젊어서는 정신이 산만해 곧잘 잃어버리고 나이가 들어서는 흥미가 사라져 곧잘 잃어버린다"라고 말했다.

성경에도 중요한 사실을 계속해서 잊는 장면이 많이 나온다. 출애굽을 한 이스라엘 백성들은 하나님의 전능하심을 셀 수 없을 정도로 잊고서 불평하며 때로는 헛된 우상을 섬기기도 했다. 또 신약에는 마리아와 요셉이 예수님을 잃어버려 황급히 찾아 헤맨 장면도 나온다.

"그 부모가 보고 놀라며 그 모친은 가로되 아이야 어찌하여 우리에게 이렇게 하였느냐 보라 네 아버지와 내가 근심하여 너를 찾았노라" –누가복음 2장 48절

예수님은 세상에 오신 이유를 '잃어버린 것'을 찾기 위한 것임을 여러 차례 비유로 말씀하셨다. 누가복음 15장에는 잃어버린 양을 찾는 목자와 드라크마를 찾는 여인에 대한 비유가 나온다.

"너희 중에 어느 사람이 양 일백 마리가 있는데 그 중에 하나를 잃으면 아흔 아홉 마리를 들에 두고 그 잃은 것을 찾도록 찾아 다니지 아니하느냐 또 찾은즉 즐거워 어깨에 메고 집에 와서 그 벗과 이웃을 불러 모으고 말하되 나와 함께 즐기자 나의 잃은 양을 찾았노라 하리라 내가 너희에게 이르노니 이와 같이 죄인 하나가 회개하면 하늘에서는 회개할 것 없는 의인 아흔 아홉을 인하여 기뻐하는 것보다 더하리라" – 누가복음 15장 4-7절

"어느 여자가 열 드라크마가 있는데 하나를 잃으면 등불을 켜고 집을 쓸며 찾도록 부지런히 찾지 아니하겠느냐 또 찾은즉 벗과 이웃을 불러 모으고 말하되 나와 함께 즐기자 잃은 드라크마를 찾았노라 하리라 내가 너희에게 이르노니 이와 같이 죄인 하나가 회개하면 하나님의 사자들 앞에 기쁨이 되느니라" – 누가복음 15장 8-10절

예수님은 잃어버린 영혼을 찾으러 이 세상에 오셨다. 예수님을 영접한 그리스도인은 이미 진리의 길을 찾았기에 방황할 이유가 없는 사람들이다.

세상 사람들의 삶을 생각해 보자.

얼마나 많은 것을 잊고 사는가? 살아야 할 이유를 몰라 방황하는 사람들이 얼마나 많은가? 모든 것을 얻고도, 원하는 바를 이루고도 허무함을 견디지 못해 스스로 목숨을 끊는 사람들이 얼마나 많은가? 세상 사람들은 자신들이 무엇을 잊고 사는지 몰라서 방황을 한다.

만나야 할 것이 진리의 주님임을 기억하지 못하고, 돈을 찾아 헤매고, 인기를 찾아 헤매고, 성공을 찾아 헤맨다.

『고대의 한 철학자는 대낮에도 촛불을 켜서 들고 다녔다. 환한 대낮에 왜 촛불을 켜는지 그 이유를 묻는 사람들에게 이렇게 대답했다.

"세상이 환하면 뭐 합니까? 제대로 길을 찾는 사람이 없는 것을…. 혹시나 길을 아는 사람이 있는지 찾으려고 촛불을 들고 다니고 있습니다."』

더 안타까운 사람들이 있다. 바로 주님을 영접함으로 길을 찾았음에도 그 사실을 잊어버린 사람들이다. 구원의 감격은 온데간데없고, 하나님을 잊고, 진리의 말씀을 잊고, 천국 가는 길도 잊고, 오로지 먹고사는 일에만 급급한 그리스도인이 얼마나 많은가? 사람은 익숙해지거나, 풍요로울 때 중요한 사실을 자주 잊게 된다. 시대를 막론하고 지혜로운 사람들이 '인간의 망각'을 경고했듯이 믿음의 성현들 역시 하나님을 잊지 않기 위해 겸손하라고 경고해왔다. 참회록을 쓴 성 어거스틴은 신앙에는 세 가지 요소가 있는데 첫째 요소도 겸손, 둘째 요소도 겸손, 셋째 요소도 겸손이라고까지 말했다.

> "그러나 더욱 큰 은혜를 주시나니 그러므로 일렀으되 하나님이 교만한 자를 물리치시고 겸손한 자에게 은혜를 주신다 하였느니라" – 야고보서 4장 6절

끝까지 성공한 믿음의 사람들은 끝까지 겸손했다.

아프리카의 성자 슈바이처 박사가 본국으로 돌아왔을 때 '3등칸'에서 내리는 걸 보고 많은 사람이 의아해했다. 세계적으로 명망이 높아 형편이 어렵지도 않는데 왜 3등칸을 타고 왔냐는 질문에 슈바이처 박사는 "4등칸이 없어서"라고 대답했다. 슈바이처 박사처럼 그리스도인의 사명이 무엇인지 알고 겸손함으로 스스로를 동이는 사람은 구원받았음에도 하나님을 잊고 사는 실수를 막을 수 있다. 다음은 우리가 하나님을 결코 잊지 말아야 하는 세 가지 이유다.

첫째, 죄에서 구원함으로 자유를 주셨기 때문에

> "두렵건대 네 마음이 교만하여 네 하나님 여호와를 잊어버릴까 하노라 여호와는 너를 애굽 땅 종 되었던 집에

서 이끌어 내시고"– 신명기 8장 14절

애굽에서 종살이하던 이스라엘 백성들을 하나님이 자유케 하셨지만 이스라엘 백성들은 그 사실을 종종 오랫동안 잊고 살았다. 이스라엘 백성들은 기근을 피해 생존을 목표로 애굽으로 이주했고 요셉이 총리로 있는 동안은 대우를 받으며 형편이 나쁘지 않았다. 그러나 애굽 사람들은 7년의 대흉년에서 나라를 구했던 요셉을 완전히 잊었으며 그에 따라 이스라엘 백성들 역시 크나큰 핍박을 받으며 노예 신세로 전락했다.

"이 땅에 이년 동안 흉년이 들었으나 아직 오년은 기경도 못하고 추수도 못할찌라 하나님이 큰 구원으로 당신들의 생명을 보존하고 당신들의 후손을 세상에 두시려고 나를 당신들 앞서 보내셨나니 그런즉 나를 이리로 보낸 자는 당신들이 아니요 하나님이시라 하나님이 나로 바로의 아비를 삼으시며 그 온 집의 주를 삼으시며 애굽 온 땅의 치리자를 삼으셨나이다 당신들은 속히 아버지께로 올라가서 고하기를 아버지의 아들 요셉의 말에 하나님이 나를 애굽 전국의 주로 세우셨으니 내게로 지체 말고 내려오사 아버지의 아들들과 아버지의 손자들과 아버지의 양과 소와 모든 소유가 고센 땅에 있어서 나와 가깝게 하소서"– 창세기 45장 6–10절

자유를 잃어버린 이스라엘 백성들은 극심한 노동으로 큰 고난을 겪었으며 나중에는 민족의 존속을 걱정할 위기에도 처했다. 오늘날 주님을 모르고 세상에서 표류하는 수많은 영혼들도 이와 비슷한 상황에 처해있는 것과 마찬가지다.

우리 역시 마찬가지였다. 세상의 노예로 허무한 인생을 살아가는 우리의 삶에 주님은 찾아와 주셨고 구원해 주셨다. 주님의 은혜로 인해 비로소 우리는 자유인이 되었다.

> "그리스도께서 우리로 자유케 하려고 자유를 주셨으니 그러므로 굳세게 서서 다시는 종의 멍에를 메지 말라"
>
> – 갈라디아서 5장 1절

죄인으로 죽어 영원한 형벌에 처할 우리를 구원해 주신 주님을 어찌 잊을 수 있겠는가? 그럼에도 안타깝게 많은 사람들이 구원받은 후에도 안락함에 젖어 주님을 잊고 다시 세상으로 돌아간다. 자유를 마다하고 다시 노예가 되려고 돌아가는 것처럼 어리석은 사람은 없다. 우리에게 이런 놀라운 은혜를 허락하신 하나님이시기에 다른 것은 몰라도 하나님을 절대로 잊어서는 안 된다.

둘째, 생명을 구하시고 지켜주시기 때문에

"너를 인도하여 그 광대하고 위험한 광야 곧 불뱀과 전갈이 있고 물이 없는 간조한 땅을 지나게 하셨으며 또 너를 위하여 물을 굳은 반석에서 내셨으며" – 신명기 8장 15절

하나님은 황량한 광야에서 이스라엘 백성들의 모든 필요를 채워주셨고, 위협에서 보호해 주셨다. 불뱀과 전갈도 이스라엘 백성들을 해하지 못했고, 메마른 곳에서 물길을 열어주시고, 때에 따라 필요한 양식을 기적을 통해 공급해 주셨다. 이스라엘 백성의 낮은 구름기둥이 함께 했고, 밤에는 불기둥이 함께 했다. 세상의 그 어떤 민족도 이와 같은 권능을 누린 적이 없었다. 전대미문의 놀라운 축복이자 특혜였다.

"그가 그 거룩한 자들의 발을 지키실 것이요 악인으로 흑암 중에서 잠잠케 하시리니 힘으로는 이길 사람이 없음이로다" – 사무엘상 2장 9절

하나님의 권능이 이스라엘 백성들과 함께 하고, 이스라엘 백성들을 지켜주셨음에도 이스라엘 백성들은 하나님을 잊었다. 우리도 혹시 이와 같은 삶을 살고 있지는 않은가? 하나님을 만나고 난 뒤의 모든 삶을 돌이켜보자. 무엇 하나 하나님의 은혜가 아닌 것이 없을 것이다. 우리의 삶을 푸른 초

장으로 인도하시고, 사망의 골짜기의 위협에서 보호하시고, 놀라운 천국의 영광을 허락하신 하나님을 우리는 정말로 잊지 않고 살아가고 있는가?

겉으로 보기에는 비슷해 보일지라도 세상 사람과 그리스도인의 삶은 근본적인 차이가 있다. 그리스도인에게는 영육의 생명을 책임져주시는 주님의 은총이 있기 때문이다. 지금 평안한 삶을 살고 있다고 해서 그 평안을 가능케 해주신 주님을 잊어서는 안 된다. 우리를 보호해 주시는 하나님의 능력이 있음을 한시도 잊지 말자.

셋째, 재물의 축복을 주셨기 때문에

> "또 두렵건대 네가 마음에 이르기를 내 능과 내 손의 힘으로 내가 이 재물을 얻었다 할까 하노라 네 하나님 여호와를 기억하라 그가 네게 재물 얻을 능을 주셨음이라 이같이 하심은 네 열조에게 맹세하신 언약을 오늘과 같이 이루려 하심이니라" - 신명기 8장 17,18절

모든 그리스도인이 아브라함과 같이, 욥과 같이 거부가 되는 것은 아니다. 오히려 복음을 위해 가난해지고, 죽을 고생을 감당해야 하는 상황도 많다. 그럼에도 분명한 것은 하나

님은 모든 성도의 삶을 철저하게 책임져 주신다는 사실이다. 누구나 부자가 되는 것은 아니지만 하나님은 각자의 소명과 삶에 맞는 은혜를 넘치도록 부어주신다. 주님은 주기도문에서 '일용할 양식'도 모두 하나님이 주신 은혜이기에 감사하라고 말씀하셨다.

아무것도 아니라고 생각하는 일상의 모든 평범한 일들이 사실은 놀라운 하나님의 축복인 것이다. 이미 주신 것에 감사하지 못하는 그리스도인만큼 불행한 사람은 없다. 우리의 모습은 어떤가? 하나님이 주신 축복에 감사함으로 모든 필요를 아시고 채워주시는 주님을 신뢰하는가? 아니면 나의 정욕에 따라 더 넘치는 축복을 달라고만 하고, 이루어주시지 않는다고 불평하고 하나님을 잊고 살아가는가? 그리스도인의 소명은 잘 사는 것이 아닌 하나님을 섬기는 삶이다. 우리에게 주신 주님의 은혜가 족한 줄로 여기고 인내함으로 맡은 바 소임을 다할 때 하나님은 우리의 필요를 넘어 넘치도록 채우시는 은혜를 허락하실 것이다.

고아들의 아버지 조지 뮬러는 평생 가난하게 살았지만 그가 응답받은 기도 응답의 액수를 오늘날의 값으로 환산하면 1,300억 원이 넘는다고 한다. 많은 재물을 구하지 말고 맡은 사명을 구하자. 어떤 경우에도 낙심하지 말고 하나님을 잊지 않는다면 우리를 절대로 포기하지 않으시는 하나님이 넘치는 축복으로 응답하실 것이다.

결론

　사람은 힘들 때 간절해지고 풍족할 때 교만해진다.
　그리스도인 역시 어려울 때는 하나님께 간구하며 매달리지만 하나님의 풍성한 은혜를 누릴 때는 정작 그 사실을 잊고 살곤 한다. 인간이 아무리 망각의 동물이라 하더라도 100%를 잊는 것은 아니며 정말로 중요한 일은 죽는 순간까지 기억하게 된다.

　그리스도인은 우리를 구원하신 하나님, 우리를 보호하시는 하나님, 우리를 축복하시는 하나님을 결코 잊어서는 안 된다. 모든 것을 잊어도 이 사실만 기억한다면 다시 일어설 수 있지만 온 세상을 얻는다 해도 이 사실을 잊으면 영혼이 망하게 된다.
　우리의 창조자이신 하나님을 마지막 순간까지 잊지 말고 매일 베풀어 주시는 놀라운 은혜에 감사하는 그리스도인이 되자.

5. 환난 중의 위로

"찬송하리로다 그는 우리 주 예수 그리스도의 하나님이시요 자비의 아버지시요 모든 위로의 하나님이시며 우리의 모든 환난 중에서 우리를 위로하사 우리로 하여금 하나님께 받는 위로로써 모든 환난 중에 있는 자들을 능히 위로하게 하시는 이시로다 그리스도의 고난이 우리에게 넘친것 같이 우리의 위로도 그리스도로 말미암아 넘치는도다 우리가 환난 받는 것도 너희의 위로와 구원을 위함이요 혹 위로 받는 것도 너희의 위로를 위함이니 이 위로가 너희 속에 역사하여 우리가 받는것 같은 고난을 너희도 견디게 하느니라" – 고린도후서 1장 3–6절

서론

태어나면서부터 뇌성마비 환자였던 송명희 시인이 바라보던 자신의 인생은 그야말로 절망이었다. 주님을 만나기 전까지 송명희 시인은 모든 것을 저주했다. 자신의 출생, 자신을 낳은 부모님, 더 나아가서 자신이라는 존재를 창조한 하나님까지…. 수차례 삶을 포기하고자 했으나 그런 절망 끝에서 결국 하나님을 만나 새로운 인생을 시작할 수 있었다. 수많은 아름다운 시로 하나님을 전하고 사람들의 마음을 위로한

송명희 시인의 작품들은 역설적으로 그녀의 가슴 아픈 고난이 있었기에 가능했다.

베토벤은 청각을 잃은 뒤에 더 훌륭한 작품을 쓰기 시작했고, 차이콥스키는 비참한 결혼 생활 이후에 불후의 명곡인 '비창'을 완성했다. 고통과 고난, 시련과 역경, 슬픔과 역경이 이 세상에 왜 존재하는지 미약한 존재인 인간은 알 수 없지만 때로는 이런 삶의 절망 가운데 더욱 빛나는 걸작들이 탄생한다는 사실만은 알 수 있다.

영생이란 큰 복을 받은 그리스도인의 삶에도 고난은 똑같이 찾아온다. 그러나 그리스도인의 삶은 고난이란 역경을 통해 더 아름다운 열매를 맺는 과정에 불과하다. 복음을 위해 누구보다 더 많은 고초를 겪은 사도 바울은 "내가 환난 중에도 즐거워하나니 이는 환난을 통해 더 좋은 것을 얻기 때문이라"라고 고백했다.

> "무릇 징계가 당시에는 즐거워 보이지 않고 슬퍼 보이나 후에 그로 말미암아 연달한 자에게는 의의 평강한 열매를 맺나니" – 히브리서 12장 11절

완전하신 하나님의 계획과 능력을 믿는다면 우리에게 찾아오는 고난과 고통조차 하나님의 사랑의 표시로 받아들여

야 한다. 하나님은 사랑하는 자녀에게 때때로 고난을 허락하신다. 이는 우리를 슬픔과 절망에 빠트리려는 목적이 아닌 연단을 통해 성장시키시고 더 큰 복을 주시기 위해 필요한 일이기 때문이다.

> "주께서 그 사랑하시는 자를 징계하시고 그의 받으시는 아들마다 채찍질하심이니라 하였으니" – 히브리서 12장 6절

다음은 고난 가운데서도 우리가 위로받을 수 있는 세 가지 이유이다.

첫째, 위로의 근원은 하나님이시다.

> "찬송하리로다 그는 우리 주 예수 그리스도의 하나님이시요 자비의 아버지시요 모든 위로의 하나님이시며" – 고린도후서 1장 3절

잘못된 길을 걷는 자녀를 혼내는 것은 부모가 자녀를 사랑하지 않아서가 아니다. 나쁜 길로 향하는 자녀를 그냥 지켜만 보는 부모야말로 자녀를 사랑하지 않는 것이다. 그리스도인의 인생에 고난이 찾아오는 것도 이런 이유일 때가 많다. 부모가 자녀를 견책할지라도 누구보다 따스하게 안아주고

위로해 주는 것처럼 하나님도 고난으로 인해 슬퍼하고 힘들어하는 우리를 버려두지 않으시며 따스하게 안아주신다.

고난은 하나님이 우리를 사랑하지 않으신다는 뜻이 아니라 오히려 너무 사랑한다는 뜻이다. 지나온 날들을 떠올려보면 누구나 알게 된다. 하나님은 결코 환난 가운데 우리를 홀로 버려두지 않으셨고, 깊은 고난의 골짜기를 지날 때면 더욱 높은 환희의 언덕이 우리를 기다리고 있었음을.

둘째, 고난으로 다른 사람을 위로할 수 있다.

> "나의 가는 길을 오직 그가 아시나니 그가 나를 단련하신 후에는 내가 정금 같이 나오리라"–욥기 23장 10절

모래를 품은 조개는 극심한 고통을 경험하게 된다. 살을에는 듯한 고난을 참아내고, 또 참아내면 조개의 가슴에는 진주라는 귀한 보물이 맺힌다. 그리스도인의 고난은 조개의 진주같이 빛나며 다른 사람들의 위로와 희망이 되곤 한다.

한국에 복음을 전하러 온 선교사들의 희생을 떠올려 보자. 우리를 위해 이 땅에 오신 예수님의 고난을 떠올려보자. 그 고난이 없이는 우리가 구원받을 수 없었고, 그 고난이 없이는 우리가 복음을 전해 들을 수 없었다. 하나님의 뜻 가운데

이루어지는 고난은 이처럼 크나큰 유익이 있다. 천하보다 귀한 한 영혼을 사망에서 건져내고, 다시 다른 영혼들을 구하기 위한 징검다리가 되기 때문이다.

　삶에 임하는 고난을 통한 하나님의 뜻이 무엇인지 알 수 있다면, 고난 가운데 위로하시는 주님을 믿으며 인내할 수 있다면 우리의 고난은 구원받아야 할 다른 영혼들을 이해하며 다가갈 수 있는 귀한 축복이다.

『미국의 한 시골에서 사역하시는 목사님이 한 농부를 전도하기 위해 매주 찾아갔다.

목사님이 아무리 잘해주고 복음을 전해도 농부는 단 한 번도 교회에 나가지 않았을 정도로 복음을 향한 마음의 문은 굳게 닫혀 있었다. 그런데 하루는 농부가 목사님을 반갑게 맞으며 보여줄 것이 있다고 닭장으로 데려갔다. 닭장에는 어미 닭이 쓰러져 죽어있었고 닭 밑에 깔린 알들에서 막 부화가 시작되고 있었다.

"간밤에 족제비가 와서 어미 닭을 물었습니다. 족제비는 피만 빨고 고기를 먹지 않습니다. 어미는 충분히 도망갈 수 있었지만 행여나 품고 있는 알들이 해를 당할까 봐 죽을 때까지 자리를 지켰습니다. 너무 감동적인 장면 아닙니까, 목사님?"

농부의 설명을 들은 목사님은 바로 예수님의 희생이 떠올랐다. 그 자리에서 닭의 죽음을 빗대어 다시 한번 복음을 전하자 농부도 마음의 문을 열고 즉시 예수님을 영접했다.』

고난의 의미를 깨달은 그리스도인은 고난 가운데 오히려 하나님께 영광을 돌리며 크게 쓰임을 받는다.

셋째, 고난은 하나님을 의지하게 한다.

"하나님이 가라사대 천하의 물이 한곳으로 모이고 뭍이 드러나라 하시매 그대로 되니라" - 창세기 1장 9절

성도들의 간증을 듣다 보면 대부분 고난 가운데 하나님께 울부짖으며 회심한 사람이 많지 풍족한 가운데 하나님을 만난 경우는 사실상 없다. 웅덩이에 고인 물은 썩지만 흘러가는 물은 오염이 되어도 다시 맑아진다. 그리스도인의 고난이 바로 이런 역할을 한다. 고난으로 하나님께 연단 받은 그리스도인은 정금과 같이 단련되어 하나님께 빛나게 쓰임을 받는다.

믿음이 반석 위에 뿌리내린 그리스도인은 축복과 고난에 일희일비하지 않는다. 복음이 무엇인지 모르고 다만 축복을 받기만 바라는 연약한 믿음을 가진 성도일수록 작은 고난에 흔들리며 때로는 뿌리째 뽑혀 다시 세상으로 돌아간다. 고난을 당하면 더욱 하나님께 매달리고 기도해야 할 때라는 사실을 우리는 기억해야 한다. 큰 축복을 받아 인생이 풍족해질

때 우리는 오히려 하나님을 잊고 그리스도인의 정체성을 지키지 못한다. 그러나 고난이 찾아오면 다시 주님 앞에 무릎을 꿇고 기도하게 된다. 그리스도인의 삶에서 고난이 중요한 이유다.

세상에서 아무리 큰 복을 누린다 하더라도 구원의 은혜가 없는 삶은 쭉정이와 같다. 마찬가지로 우리가 고난 가운데 있다 하더라도 하나님만 바라보며 의지할 수 있다면 그 삶은 천국과 마찬가지로 기쁨과 소망이 넘치는 삶이다. 삶과 고난에 대한 바른 시각을 갖고 있을 때 어떤 고난에도 흔들리지 않는 굳건한 믿음을 소유하게 된다.

고난이 찾아온 것은 하나님께 다시 돌아오라는 신호다. 고난이 생기는 이유는 하나님이 우리를 연단하고 계시다는 신호다. 고난에도 인내해야 하는 이유는 고난이 우리를 더 크게 사용하시겠다는 하나님의 예비 신호이기 때문이다.

결론

이 땅에서의 삶에는 여러 가지 고난이 있기 마련이다.

세상 사람들은 고난을 당할 때 슬퍼하고 괴로워할 수밖에 없지만 그리스도인인 우리에겐 고난으로 더 크고 많은 유익들이 찾아온다. 먼저 고난을 통해 하나님의 위로를 경험할 수 있다. 외부의 환경에 영향을 받지 않고 언제나 우리 안에 계시는 주님으로 인해 기뻐할 수 있으며 평안을 누릴 수 있다.

고난은 또 우리에게 큰 유익이 된다. 혹독한 훈련으로 운동선수가 성장하듯이 고난은 우리의 믿음과 신앙을 더 크게 성장시키고 세상에 복음을 전할 진정한 제자로 키워주는 훈련과정이다.

고난을 인내하는 사람을 통해 하나님은 역사하신다.
주님이 이 땅에서 보여주셨듯이, 수많은 믿음의 성현들이 그랬듯이 고난을 피하지 않고 희생을 감내함으로 주님의 구원의 사역이 완성되고 복음이 만방으로 퍼져나갈 수 있었다.
고난이 임할 때는 더욱 주님을 의지하고 무릎 꿇고 기도를 하자.
어떤 상황에도 하나님만을 의지하는 자녀들에게 주님은 더욱 큰 능력으로 축복해 주실 것이다.

3

교제에 대한
성경공부

1. 교제의 생활

그리스도인의 교제는 크게 두 가지로 분류된다. 하나는 하나님과의 교제이며 다른 하나는 성도와의 교제이다. 예수 그리스도의 보혈로 우리를 구원하신 하나님은 우리와 더불어 교제를 나누기 원하신다. 예수님은 성도의 교제가 하나님과의 교제에서 끝나서는 안되며 거듭난 성도들끼리 사랑의 교제로도 이어져야 한다고 권면하셨다.

1. 하나님과의 교제

성경에는 하나님과 긴밀한 교제를 나누었던 많은 사람들의 이야기가 나온다. 이스라엘 백성을 애굽에서 인도했던 모세는 마치 친구와 이야기하듯 하나님과 더불어 교제를 나눴다. 이스라엘의 가장 위대한 왕 다윗은 하나님과의 교제를 세상의 그 무엇보다 사모하고 열망했다.

예수님 역시 하나님과의 교제를 소홀히 여기지 않으셨다. 하나님과 동등한 존재이신 예수님도 매일 새벽을 깨워 기도를 통해 하나님과 소통하셨다. 이뿐 아니라 하나님께 크게 쓰임을 받은 사람들은 하나같이 하나님과 교제를 나누던 사람들이었으며, 교제의 중요성을 깨달은 사람들이었다.

우리는 어떤 방법을 통해 하나님과 교제할 수 있다고 생각하는가? 우리의 생각을 먼저 적어보자.

- 우리는 말씀을 통해 하나님과 교제할 수 있다.
- 우리는 기도를 통해 하나님과 교제할 수 있다.
- 우리는 경건의 시간을 통해 하나님과 교제할 수 있다.
- 우리는 예배를 통해 하나님과 교제할 수 있다.

위의 방법들을 참고하여 지금 하나님과 교제를 나누고 있는지, 하나님과 교제함으로 어떤 유익을 얻었는지 등에 대해 서로의 경험과 생각을 나누자.

2. 성도 간의 교제의 필요성

신앙생활에 있어서 가장 중요한 것은 하나님과의 교제다. 그러나 성도의 온전한 삶을 위해서는 하나님과의 교제뿐 아니라 성도 간의 교제도 무척 중요하다. 모든 그리스도인은 주님 안의 한 지체이기 때문에 성도 간의 교제가 없는 사람은 무인도에서 살아가는 사람과 같다. 한 몸이 온전한 역할을 하려면 모든 지체가 서로 돕고 사랑해야 하는 것처럼 온전한 신앙생활을 하기 위해서는 서로 돕고 사랑하는 성도 간의 교제가 반드시 필요하다.

성도 간의 교제는 왜 필요하다고 생각하는가?
또 어떤 방법을 통해 교제를 나눌 수 있다고 생각하는가?

성도의 교제가 필요한 이유와 그로 인해 어떤 유익이 있는지 다음의 성경 구절을 찾아보자.
- 히브리서 10장 24,25절

- 전도서 4장 9-12절

- 요한복음 13장 34,35절

3. 성도 간의 교제의 내용

우리는 성도 간의 교제가 어떤 내용으로 이루어져야 한다고 생각하는가? 또 성도 간의 교제에서 나누면 안 될 주제는 뭐라고 생각하는가?

교제란 그냥 모인다고 되는 것이 아니다. 참된 교제가 이루어지기 위해서는 올바른 주제가 필요하다. 그리스도인의 교제는 반드시 그리스도가 중심이어야 하며 그리스도를 따라 살아가는 우리의 삶으로 이야기가 채워져야 한다. 교제가 이런 주제에서 벗어날수록 그리스도인의 교제는 생명력을 상실한다.

　다음 말씀을 찾아 우리의 교제에서 나누어야 할 주제가 무
엇인지 살펴보자.
- 히브리서 10장 24절

- 마태복음 18장 19,20절

- 에베소서 5장 19절

- 갈라디아서 6장 1절

- 갈라디아서 6장 2절

4. 성공적인 교제에 필요한 것

　우리는 지속적이고 끊임없는 교제를 위해 필요한 것이 무
엇이라고 생각하는가?
　성도들이 교제를 나누기 위해서는 무엇보다 모이기를 힘
써야 한다.
- 교회의 모든 모임에 힘써 참여하라.
- 다른 성도들과 교제의 시간을 가지라.

- 성도들을 집으로 초청하라.
- 매일 주님과 긴밀한 교제의 시간을 갖고 만나는 사람들과 같은 주제의 경험을 나누라.

5. 교제는 어떻게 나누어야 하는가?

서로 아름다운 교제를 나누기 위해서는 어떤 인격과 성품을 갖추어야 한다고 생각하는가?

성공적인 교제를 나누기 위해 다음의 조언을 참고하자.

- 교제의 중요성을 인식하고 교제에 적극적으로 참여하라.
- 솔직하게 자기 자신을 드러내라.
- 다른 사람의 말을 신중히 경청하라.
- 좋은 성품을 위해 노력하라.
- 좋은 언어 습관을 사용하라.
- 받기보다 먼저 주려고 노력하라.
- 자신의 기쁨보다 다른 사람의 기쁨을 위해 교제하라.
- 성도 간의 교제를 허락하신 하나님께 감사하라.

적용

1. 교제에는 크게 두 가지 종류가 있다. 하나는 하나님과의 교제이며 다른 하나는 성도와의 교제이다. 우리는 말씀과 기도를 통해 하나님과 교제할 수 있으며 경건의 시간을 갖고 예배를 드림으로 하나님과 교제할 수 있다.
   우리는 하나님과 교제를 나누기 위해 구체적으로 어떤 생활을 하고 있는가?

2. 온전한 신앙생활을 위해선 하나님과의 교제뿐 아니라 성도와의 교제도 필요하다. 성도와의 교제를 통해 하나님의 뜻을 발견할 수 있음으로 교제 중에 서로 위로하고 격려해야 한다. 서로의 교제를 통해 어려움을 나누며 예수님의 사랑을 전하는 것이 교제의 목적이다. 우리는 성도와의 교제를 위해 구체적으로 어떤 일들을 하고 있는가?

   성도와의 교제를 통해 얻은 유익이 있다면 기록해 보자.

3. 그리스도인의 교제는 그리스도가 교제의 중심이 되어야 한다. 그리스도인이 함께 모였다고 해서 그리스도인의 교제가 되는 것은 아니다. 우리의 교제 내용을 되돌아보며 개선해야 할 점이 무엇인지 생각해 보자.

4. 지속적이고 끊임없는 교제를 위해서는 모임에 힘써 참여해야 한다. 우리가 참여하고 있는 그리스도인의 모임에는 어떤 것들이 있는가?

5. 성공적인 교제를 나누기 위해서는 교제를 나누는 사람들이 중요하다. 올바른 인격과 좋은 성품이 없다면 교제를 통해 오히려 마음의 상처를 내게 되기 때문이다.
   더 아름다운 성도의 교제를 위해 우리가 고쳐야 할 점은 무엇이라고 생각하는가?

2. 경건의 시간을 통한 교제

경건의 시간은 흔히 '조용한 시간, 묵상의 시간'이라는 뜻의 'Q.T.(Quiet Time)'로 불린다. 경건의 시간에 대해 모르는 그리스도인은 없지만 지속적으로 실행하고 있는 사람은 많지 않다. 처음 경건의 시간을 통해 충만한 기쁨과 감격을 느낀다 하더라도 현실적인 어려움과 귀찮음, 매너리즘 등의 영향으로 차츰 무미건조한 신앙생활로 변해가기 때문이다. 그러나 참된 교제 생활을 하기 위해서는 매일 경건의 시간이 필요하다. 주님과 매일 교제를 나누기 위해서는 효과적인 경건의 시간을 보내는 방법을 알아야 한다.

1. 경건의 시간의 의미

경건의 시간이 어떤 의미인지 자신의 말로 설명해 보자.

하나님께 쓰임 받았던 사람들의 신앙생활에는 하나님과 개인적인 교제를 중요하게 여겼다는 공통점이 있다. 아무리 바쁘고 힘든 생활이라 하더라도 그들은 하나님과의 긴밀한 교제의 시간을 포기하지 않았다. 경건의 시간은 구체적으로 말씀과 기도, 찬양을 통해 주님과 교제하는 것이다.

2. 경건의 시간을 갖는 이유와 유익

만약 우리가 경건의 시간을 보내고 있다면 그로 인해 얻은 유익을 몇 가지만 이야기해 보자.

다음 성경 구절을 찾아 경건의 시간을 가져야 하는 이유와 그로 인한 유익을 살펴보자.

- 마태복음 11장 28-30절

- 요한복음 14장 27절

- 호세아 4장 3절

- 호세아 6장 3절

- 잠언 1장 7절

- 시편 25편 4절

- 시편 27편 1절

- 시편 143편 8절

- 빌립보서 4장 6,7절

- 이사야 40장 28-31절

- 히브리서 4장 16절

- 요한복음 15장 4,5절

- 요한복음 15장 8,16절

3. 경건의 시간을 갖는 방법

각자 자신이 경건의 시간을 갖는 방법에 대해서 함께 나누자.

"새벽 오히려 미명에 예수께서 일어나 나가 한적한 곳으로 가사 거기서 기도하시더니" – 마가복음 1장 35절

주님의 삶을 통해 우리는 바른 묵상의 시간이 어떤 것인지 배울 수 있다.

(1) 주님은 묵상을 위해 새벽에 일어나셨다.

묵상의 시간을 위해선 정해진 시간이 필요하다. 아무에게

도 방해받지 않는 이른 아침이 가장 좋겠지만 다른 시간을 일정하게 낼 수 있다면 굳이 새벽을 고집할 필요는 없다. 각자 체질과 상황에 맞는 시간을 정하되 되도록 규칙적으로 시간을 갖기만 하면 되기 때문이다. 묵상을 위한 시간을 어떻게든 내는 것이 습관을 들이는데 가장 중요한 첫 번째 방법이다.

(2) 주님은 한적한 곳으로 가셨다.

묵상의 시간을 위해선 조용한 장소가 필요하다. 하나님과 긴밀한 교제를 나누기 위해선 마음을 온전히 집중할 수 있어야 한다. 정해진 시간에 되도록 조용한 장소를 찾아 주님께 집중하는 습관을 들여야 한다.

(3) 주님은 먼저 기도하셨다.

묵상의 시간을 위해서는 일정한 순서가 필요하다.

정해진 순서는 없지만 일반적으로 다음의 순서를 지침으로 삼을 수 있다.

'기도 - 찬양 - 말씀 묵상 - 기도 - 찬양'

여기서 가장 중요한 것은 "어떤 말씀을 어느 정도 묵상해야 하는가?"이다. 그날 묵상할 말씀의 범위를 미리 정해두는 것이 좋으며 묵상을 통해 얻은 교훈과 감동을 노트에 적어두는 것이 좋다.

4. 경건의 시간을 효과적으로 갖기 위한 조언들

(1) 일정한 시간에 묵상할 수 있도록 생활을 잘 조절하라.

아침에 묵상하기로 했다면 밤늦게까지 시간을 보내선 안 된다. 저녁에 묵상하기로 정한 사람은 다른 일을 하느라 귀가를 너무 늦게 해선 안 된다. 묵상도 하나님과의 중요한 약속이라는 사실을 기억하자.

(2) 묵상에 필요한 성경, 노트, 펜 등은 항상 휴대하거나 큐티 장소에 구비해두자.

(3) 그날 묵상할 말씀의 범위를 정해두라.

많은 사람들이 묵상을 장기적으로 하지 못하고 중간에 포기하는 이유는 말씀의 범위를 현명하게 정하지 못해서다. 목사님이나 신앙서적의 도움을 받아 묵상할 말씀의 범위를 미리 정해두자.

시편을 하루에 1편씩 묵상하면 5개월 만에 마칠 수 있다. 잠언을 하루에 1장씩 묵상하면 한 달이면 1독이 가능하다. 절기를 따라 말씀을 묵상하거나 사복음서 위주로 묵상할 수도 있다. 다만 너무 한 부분을 지나치게 묵상하면 균형 잡힌 신앙생활에 도움이 되지 않으므로 적당히 바꿔주는 것이 필요하다.

(4) 인내심을 가지라.

작심삼일도 계속 반복하면 습관이 된다. 하루나 이틀 실패했다고 해서 바로 내려놓거나 너무 낙심하지 말고 인내심을 가지고 꾸준히 계속 도전하자.

(5) 같이 나눌 수 있는 동역자나 그룹이 있으면 더욱 좋다.

경건의 생활에서 가장 중요한 것은 그날그날 마음의 상태를 주님께 솔직하게 고백하는 것이다. 주님이 주시는 평안과 쉼을 누리기 위해서는 기도와 말씀을 통해 하나님의 인도하심을 받아야 한다. 효과적인 경건의 시간을 위해선 정직한 마음으로 주님을 만나야 하며 그날 주신 감동을 삶에 적용하려고 노력해야 한다.

5. 실습

다음 본문 중 하나를 선택하여 각자 경건의 시간을 10분 정도 갖고 다시 모여 서로에게 하나님이 주신 마음을 나누자.

● 빌립보서 1장 1-12절

● 디모데전서 1장 1-11절

● 베드로전서 1장 1-12절

● 누가복음 5장 1-11절

적용

1. 경건의 시간이란 말씀과 기도, 찬양을 통해 하나님과 개인적인 교
   제를 갖는 시간이다.
   우리는 1주일에 몇 번 정도 경건의 시간을 갖는가?

2. 그리스도인은 경건의 시간을 통해 참된 안식을 누리며 하나님을 더
   많이 알 수 있다. 경건의 시간을 통해 하나님께 필요를 아뢰며 하나
   님이 인도하시는 길을 따라 걸으며 풍성히 열매 맺는 삶을 살아갈
   수 있다.
   우리는 경건의 삶을 통해 어떤 유익을 얻고 있는가?

3. 경건의 시간을 위해선 정해진 시간과 조용한 장소, 그리고 체계가
   필요하다.

우리가 정한 시간은 언제인가?

우리가 정한 장소는 어디인가?

우리가 정한 순서는 어디인가?

최근 우리는 어떤 본문을 가지고 경건의 시간을 갖고 있는가? 본문을 정한 이유는 무엇인가?

4. 효과적인 경건의 시간을 갖기 위해서는 생활을 관리해야 한다. 하나님과의 교제를 위해선 준비가 필요하다. 한두 번 실패하더라도 계속해서 도전해야 하며 함께 나눌 수 있는 동역자가 있으면 더욱 좋다.

우리가 더 나은 경건의 시간을 위해 개선해야 할 점이 무엇이라고 생각하는가?

3. 예배를 통한 교제

예배는 히브리어로 '샤하아(shachach)'라고 한다. '굴복하다', '자신을 엎드리다'라는 뜻이다. 예배란 주일마다 교회에 가서 앉아서 말씀 듣다 오는 시간이 아니라 하나님에 대한 경배와 순종, 봉사가 담긴 경배의 행위이다. 히브리어로는 일과 섬김, 예배에 같은 단어를 사용한다. 그리스도인의 예배란 결국 하나님께 영광 돌리는 모든 행위임을 알 수 있다.

1. 예배를 통해 주님과 교제했던 사람들

누가 어떤 형식의 예배를 통해 주님과 교제했는지 다음의 성경 구절을 찾아보자. 이들의 예배를 통해 우리가 느낀 바를 기록하자.

● 창세기 4장 1-5절

● 창세기 8장 20-22절

● 창세기 12장 7-9절

● 창세기 26장 23-25절

● 창세기 28장 10-22절

(1) 하나님께서 이스라엘 백성들을 애굽에서 인도하신 궁극적인 이유는 무엇인가?

● 출애굽기 8장 25-27절

● 출애굽기 10장 21-26절

(2) 하나님은 지금도 어떤 사람을 찾고 계시는가?(요 4:23)

(3) 우리는 하나님께 어떤 예배를 드리고 있는가?

(우리는 그 예배들을 얼마나 중요하게 생각하고 있는가?)

(4) 간혹 중요한 일이 생겨 예배에 참석하지 못하는 경우, 우리는 어떻게 대처하고 있는가?

(5) 하나님이 우리를 구원하신 목적 중에 하나는 무엇인가?(고전 1:9)

우리는 예배를 통해 살아계신 하나님과 진실한 교제를 나누고 있는가? 형식적으로 예배를 드리고 있지는 않은지 스스로 점검해 보자.

그리스도인의 가장 큰 축복은 예배를 통해 주님과 교제를 나누는 일이다.

2. 예배를 통해 경험한 축복

노아는 예배를 통해 하나님께 어떤 축복을 받았는가? (창 8:20-22)

아브라함은 하나님으로부터 어떤 축복을 약속받았는가? 아브라함은 하나님께 어떤 예배를 드렸는가?(창 15:1-11)

창세기 14장 17-24절을 읽고 아브라함이 멜기세덱에게 무엇을 드렸으며, 멜기세덱은 아브라함에게 어떤 축복을 주었는지 살펴보자.

예배를 통해 누린 축복이 있다면 무엇인지 적어보자.

3. 옳지 않은 예배

하나님이 기뻐하지 않으시는 예배는 어떤 예배인지 다음의 성경 구절을 찾아보자.

● 신명기 17장 3절

- 로마서 1장 25절

- 출애굽기 20장 4,5절

- 신명기 32장 17절

- 출애굽기 34장 14절

- 사도행전 10장 25,26절

- 골로새서 2장 18절

우리가 예배해야 할 대상은 오직 하나님 아버지와 예수 그리스도시다. 우리가 하나님만 경배해야 하는 이유는 무엇인가?

- 창세기 1장 26,27절

- 창세기 2장 7절

- 요한복음 3장 16절

- 로마서 5장 8절

4. 예배의 자세

하나님이 싫어하시는 예배가 무엇인지 다음의 성경 구절을 찾아보자.

● 창세기 4장 1-5절

● 이사야 1장 10-17절

예배란 하나님께 우리의 필요를 구하는 시간이 아니다. 주님 앞에 엎드려 이미 주신 무한한 사랑과 은혜에 감사하는 하나님을 향한 경배의 시간이다.

다음 성경 구절을 찾아 어떤 마음으로 예배를 드려야 하는지 알아보자.

● 요한복음 4장 24절

● 로마서 12장 1절

● 시편 95편 6절

● 시편 116편 12-17절

적용

1. 성경에 기록된 많은 하나님의 사람들은 예배를 통해 하나님의 마음을 깨닫고 인도하심을 받았다. 예배는 하나님과 교제하며 경배하는 나눔의 시간이다.

   우리는 예배를 통해 하나님과 참된 교제를 경험하고 있는가?

2. 노아와 아브라함 등 많은 성경의 인물들이 예배를 통해 하나님으로부터 약속과 축복을 받았다.

   우리는 예배를 통해 어떤 축복을 받았는가?

3. 우리가 예배해야 할 대상은 오직 하나님 아버지와 예수 그리스도시다.

   하나님 외에 그 어떤 것이라도 경배하거나 예배하는 것은 커다란 죄이다.

   우리는 자신도 모르게 하나님 외에 다른 것을 경배하고 있지는 않은가?

4. 우리가 드리는 모든 예배가 저절로 하나님께 상납되지는 않는다.

   회개하지 않고 진실하지 않은 예배를 하나님은 기뻐하지 않으신다.

   모든 예배는 신령과 진정으로 우리의 온 마음과 정성을 다해 드려져야 한다.

   우리는 모든 예배를 정성껏 준비함으로 하나님께 드리고 있는가?

4. 찬양을 통한 교제

찬양은 신앙생활의 접근성을 높여주며 큰 감동을 주는 훌륭한 방법이지만 찬양의 본질을 이해하며 올바르게 드리는 사람은 그리 많지 않다. 하나님이 인간을 창조하신 목적은 여러 가지가 있지만 주된 목적은 하나님을 찬양하고 영광 돌림으로 하나님을 기쁘시게 하는 일이다.

"이러므로 우리가 예수로 말미암아 항상 찬미의 제사를 하나님께 드리자 이는 그 이름을 증거하는 입술의 열매니라" – 히브리서 13장 15절

1. 찬양의 종류

하나님께 드릴 수 있는 찬양에는 어떤 방법이 있다고 생각하는가?

다음 구절을 찾아 누가 하나님을 어떻게 찬양했는지를 살펴보고 그에 대한 느낌을 적어 보자.

● 시편 103편 20절

● 시편 30편 4절

- 시편 117편 1절

- 마태복음 21장 16절

- 시편 148편 11절

- 시편 148편 12절

- 시편 150편 6절

- 시편 148편 1-10절

2. 찬양의 목적

때때로 사람들은 자신의 기쁨을 위해 찬양을 사용한다. 하지만 찬양의 목적은 우리를 위한 것이 아니다. 우리의 찬양의 목적은 무엇인지 다음의 성경 구절을 찾아보자.

- 이사야 43장 21절

- 시편 149편 1-4절

- 야고보서 5장 13절

● 사도행전 16장 25절

3. 찬양의 내용

우리가 주로 드리는 찬양의 주제는 어떠한가?

우리가 찬양드려야 할 주님의 속성은 무엇인지 다음의 성경 구절을 찾아보자.

● 시편 138편 5절

● 시편 145편 5절

● 출애굽기 15장 11절

● 이사야 24장 14절

● 다니엘 2장 20절

● 시편 21편 13절

● 시편 107편 8절

- 역대하 20장 21절

- 시편 138편 2절

- 이사야 25장 1절

- 누가복음 1장 68,69절

- 시편 1편 68,69절

- 시편 150편 2절

4. 찬양 드려야 할 때

이스라엘 백성들은 언제 하나님을 찬양했는지 살펴보자.
- 출애굽기 15장 1-19절

- 사사기 5장 1-31절

- 사무엘상 2장 1-10절

- 누가복음 1장 46-55절

- 누가복음 1장 68-79절

- 누가복음 2장 14절

- 누가복음 2장 29-32절

우리는 주로 언제 찬양하는가?

성경은 우리에게 언제 하나님을 찬양하라고 했는가?
- 시편 104편 33절

- 시편 71편 14절

- 역대하 30장 21절

5. 찬양의 방법

교파와 각 나라의 문화에 따라 찬양 드리는 방법은 다양할
수 있다. 다음 성경 구절을 통해 우리가 어떤 방법을 통해 하
나님을 찬양할 수 있는지 살펴보자.
- 시편 40편 3절

● 시편 51편 15절

● 시편 63편 4절

● 시편 63편 5절

● 시편 134편 2절

● 시편 47편 1절

● 시편 98편 8절

● 시편 33편 2절

● 시편 57편 8절

● 시편 30편 11절

● 사무엘하 6장 16절

● 시편 135편 2절

● 시편 95편 6절

6. 찬양의 자세

하나님을 찬양할 때 우리의 자세는 어떠해야 하는가?
● 시편 9편 1절

● 시편 63편 5절

● 역대하 29장 30절

● 시편 147편 7절

7. 찬양의 능력

찬양은 우리의 마음과 영혼을 기쁘게 하고 평안을 가져다 준다. 우리 삶에 큰 능력을 가져다줄 놀라운 능력이 찬양 안에는 존재한다. 바울과 실라는 이런 찬양을 통해 어떤 능력을 경험했는가?(행 16:25)

하나님은 찬양에 어떤 능력이 있다고 말씀하셨는가?(시 149편)

적용

1. 거듭난 그리스도인뿐 아니라 세상의 모든 피조물은 주님을 찬양한다. 하나님은 만왕의 왕이시며 만유의 주이시기 때문이다. 우리는 하나님의 구원의 선물을 받은 사랑하는 주님의 자녀로서 하나님께 얼마나 자주 찬양을 드리는가?

2. 우리는 스스로의 기쁨과 유익을 위해 찬양을 드릴 때가 많지만 찬양의 진정한 목적은 하나님의 영광을 드러내는 것이다.
진실로 하나님만을 위해 찬양을 드린 경험이 있다면 함께 나누어 보자.

3. 우리는 하나님의 성품과 능력을 찬양할 수 있다. 우리는 대체로 하나님의 어떤 성품과 능력을 찬양하는가?

4. 찬양을 드리는 방법은 교파나 문화에 따라 얼마든지 달라질 수 있다.
우리가 즐겨하는 찬양의 방법은 무엇이고 마음에 거리끼는 찬양의 방법은 무엇인가?

5. 찬양은 기쁨과 즐거운 마음, 감사하는 마음으로 우리의 최선의 모습으로 드려져야 한다. 우리는 어떤 자세로 주님을 찬양하고 있는가?

4

예화

성도의 교제에 대하여 사무엘 헤비치라는 사람은 아래의 예를 들어 설명하고 있다.

"다 함께 꼭 결합되어 있다."

여러분과 저는 물통을 만들 수 없습니다. 좋은 목수가 있어야 이 통을 만들 수 있습니다. 물통이란 나무 한쪽으로 되는 일이 아니라 여러 개의 나무가 모두 함께 꼭 맞게 결합되어 있어야 하므로, 좋은 통을 하나 만드는 데는 다음 네 가지가 필요합니다.

① 밑받침이 좋아야 합니다.

② 나무쪽 하나하나가 바닥 받침에 알맞게 결합되어야 합니다.

③ 나무쪽 하나하나는 곁에 있는 나무쪽에 잘 결합되어 있어야 합니다.

④ 이 각 나무쪽은 밖으로 줄을 둘러야 빈틈없이 붙어 있을 수 있습니다.

어떤 나무쪽은 다른 것보다 더 좁을 수도 있지만 그래도 좋은 물통이 될 수 있습니다. 그러나 그 사이에 조그만 돌멩이나 나무 쪼가리가 들어가면 이건 큰일 납니다. 이 나무 쪽들이 서로 가까이 있는 것으로는 되지 않습니다. 이것들이 서로 접착되어 단단하게 결합되어야만 하는 것입니다. 이것들 중 하나라도 둥근 통에서 빠져나가면 그것은 쓸모 있는 통이라고 할 수 없습니다.

이 나무쪽 사이에 들어 있는 조그만 돌멩이나 나무 쪼가리란 무엇입니까? 그것은 서로 연합한 나무쪽의 틈을 크게 만들어가는 조그만 불화, 심한 말투, 그리고 얼마 되지도 않는 더러운 돈이 아니겠습니까? 저 통의 둥근 모양을 망쳐 놓고 빠져나가는 나무쪽은 무엇입니까? 이 것은 누구나 느끼는 교만하고 용서할 줄 모르는 마음이 아니겠습니 까? 이것이 우리가 갖는 하늘의 평화를 망치고 맙니다. 사랑하는 형제 들이여, 다 함께 꼭 결합되어 있도록 합시다.

두 친구가 큰 기차역에서 최신식 엔진을 갖춘 기차 한 대가 날아가듯 지나치는 것을 지켜보고 있었다.

한 친구가 역장인 친구에게 "그 엔진 참 강력하군"이라고 말했다.

그리스도인인 역장 친구는 "그래"라고 대답했다.

그러고는 말을 이었다.

"하지만 그것도 철로 위에서 일뿐이지. 철길에서 벗어나는 날이면 그건 세상에서 더없이 무력한 것이 아니겠나? 그러니까 우리 그리스 도인도 마찬가지일세. 그리스도인의 힘이 센 것은 구주이신 주님과 연 합하여 교제할 때나 가능한 것이지. 저 교제의 좁은 길을 떠난다면 이 세상에서 찾아볼 수 없는 가장 미약한 존재가 아니겠는가?"

어느 공장에서 모든 기계가 제대로 움직여 작동하고 있었고, 공장 안 은 기계가 내는 굉음으로 가득 차 있었다. 그러다 갑자기 주동 기계가 멎었다. 따라서 전기 스위치를 끄게 되자 다른 기계들까지 다 쉬게 되 었다. 일 전체가 정지된 것이다. 왜 이렇게 되었을까? 이유는 한 가지 였다. 주동활차(主動滑車)의 굴레에 둘려있던 벨트가 벗겨지자 모든 게 정지된 것이다.

성령으로 말미암아 하나님과 교제하는 것은 저 벨트와 같은 것이다. 벨트가 잘 접촉되어 있을 때라야 주님을 위한 봉사가 전속력을 다해서 진행되는 것이요, 그 교제가 끊어지면 이것이 다시 성립될 때까지는 정지하고 마는 것이다.

주 믿는 형제들"이라는 찬송가의 작사가인 존 포셋 박사는 영국 요크셔의 웨인스게이트에서 목회를 하고 있었는데 이 침례교회 회중은 그 수가 적을 뿐 아니라 가난하였다. 그의 연봉 25파운드는 너무도 구차하여 런던에 있는 크고 유력한 교회의 초빙을 승낙했다. 그는 마지막으로 고별 설교를 하고 밤에 마차에 짐을 싣고 있었는데 교인 중 몇 명이 와서 슬퍼하며 떠나지 말아 줄 것을 애원하였다. 이 목사와 부인은 너무도 당황한 나머지 울었다. 부인은 이러한 생활을 더 견딜 수 없다고 여겼으나, 목사는 "떠나지 않겠습니다"라고 대답했다.

다시 머물기로 한 그의 결정은 그곳 교인들의 열광적인 환영을 받았다. 이것을 기념하기 위하여 포셋 박사는 이 찬송을 읊었다. 많은 돈이나 육체적 위안보다도 성도의 사랑에 젖은 교제가 더 바람직하다는 것을 이들은 증명한 것이다.

유쾌한 일은 아니지만, 그러나 가장 유익한 것은, 아마도 적(敵) 과의 교제일 것이다. 그 이유는 다만 지금은 적이지만 장차 벗이 되는 경우가 곧잘 있기 때문이다. 또한 무엇보다도 먼저, 적에 대해 가장 많이 자기 자신의 결함이 드러나고 그것을 고치려는 강한 자극이 주어지기 때문이다. 그리고 대국(大局)에서 보아, 인간의 약점에 관하여 가장 바른 판단을 가지고 있기 때문이다. 요컨대 우리는 그들의 예리한 시선의 감시하에 살아가는 것만으로도 극기자제(克己自制)라든가 엄격한 정의감이라든가 자기 자신에게 끊임없이 주의하는 중요한 덕목을 알고 또 행하게 되는 것이다.

글래스고 대학은 1896년, 데이비드 리빙스턴에게 법학 박사 학위를 수여하였다.

학위 수여식에서 리빙스턴이 말하려고 일어서자 장내는 존경하는 분위기로 그를 지켜보고 있었다. 아프리카 열대 지역에서 고생한 결과 수척하고 말랐을 뿐 아니라, 왼팔은 사자에게 찢겨서 그냥 대롱대롱 쳐져 있었다. 그런데 리빙스턴은 "주저함이 없이 기쁘게, 다시 한번 아프리카로 되돌아가겠다"라는 결심을 공포하였다.

"여러분은 아마 그 많은 유랑의 생활 그러니까 그들의 언어도 모르고, 그들의 태도는 항상 미심쩍었으며 때로는 절망적이었던 사람들 가운데서 지금까지 저를 붙든 것이 무엇인지 물으실 줄로 압니다. 그것은 다름 아닌 "볼찌어다 내가 세상 끝날까지 너희와 항상 함께 있으리라"라고 하신 예수 그리스도의 말씀입니다. 바로 이 말씀에 저는 모든 것을 걸었으며 그 말씀은 저를 한 번도 낙심케 한 적이 없었습니다."

그는 하나님의 아들과 교제했던 것이다.

기도회 때면 항상 자기 자리에서 큰 소리로 기도하며 정기적으로 집회에 참석하던 한 교우가 여러 달 동안 그 자리에 보이지 않자 마음이 상해 서글퍼하던 전도자가 있었다. 기도회 때면 그 음성이 너무도 컸기에 그가 나오지 않는 것이 섭섭하게 느껴진 전도자는 집회를 마치자마자 곧장 이 교우의 집으로 발길을 재촉하였다. 집에 가보니 이 교우는 벽난로 앞에서 불을 쬐고 있었다. 깜짝 놀란 그는 찾아온 손님에게 의자를 내밀며 꾸중을 기다리고 있었다. 그러나 전도자는 한마디 말도 없이 그냥 불앞에 앉으며 조용히 화저를 들어 난로 한가운데서 이글이글 타는 숯덩이 하나를 집어 따로 벽난로 바닥에 놓았다. 침묵이 계속되자 그는 숯덩이 불이 사그라지는 것을 지켜보았다. 그러자 장기 결석자가 말하였다.

"아무 말씀도 하실 필요가 없습니다. 오는 수요일 밤 기도회에는 참석하겠습니다."

그리스의 소피스트는 아들과 딸들이 장성한 후에도 그들의 친구 교제에 대하여 주의를 게을리하지 않았다. 어느 날 그의 장성한 딸이 자기 오빠와 함께 어떤 경박한 부인을 방문하려고 하자 "그런 사람과의 교제는 스스로를 해롭게 하는 것이 된다"라고 말하면서 가지 못하게 하였다. 이때 딸은 아버지에게 "아무리 좋지 못한 사람과 상종한대도 거기에 물들 나이와 지식은 지났으니 가도록 두는 것이 오히려 좋을 것입니다"라고 불평스럽게 말하였다.

그는 아무 말 없이 석탄 한 덩어리를 들어 딸에게 주며 손을 더럽히지 말고 받아 보라고 하였다. 그러나 석탄을 받은 딸의 손은 더러워지고 말았다. 이때 아버지는 딸에게 "불량한 친구는 석탄과 같은 것이어서 가까이하는 사람도 더럽게 하는 것이다"라고 타일렀다.

잠언은 "지혜로운 자와 동행하면 지혜를 얻고 미련한 자와 사귀면 해를 받느니라"라고 말한다(잠 13:20).

어떤 가정에 천사와 같이 순종을 잘하고 아름답고 착한 소녀가 있었다. 그런데 갑자기 그 소녀의 생활이 바뀌고 말았다. 그렇게도 부모 말에 순종을 잘하고 사교성이 있으며 애교 있고 착실하던 소녀가 한순간에 말이 표독스러워지고 얼굴 모습이 사나워졌으며 행실이 나빠진 것이다.

아무리 생각해도 무엇이 이 아이의 생활을 갑자기 변화시켰는지를 밝혀낼 수 없어 이모저모로 궁리하며 염려하던 어머니는 생각 끝에 딸의 책가방을 열었다가 낡아빠진 책받침을 보고 깜짝 놀라고 말았다. 왜냐면 책받침에는 무서운 뿔이 붙은, 보기에도 끔찍한 요괴 인간들이 가득 그려져 있었다. 이 어린아이가 매일 공책에 글을 쓸 때마다 요괴 인간을 바라보고 그 이미지를 마음에 갖게 되어 파괴적인 성품을 그려냈다는 것을 알게 된 어머니는 그 책받침을 치워버렸다.

이 책받침을 어린아이 몰래 치우고 얼마 동안의 시간이 흐르자, 차차로 어린아이의 마음이 다시 옛날로 돌아가 착한 아이가 되었다. 항상 접하고 생활하는 환경의 영향력을 보여 주는 예이다.

그리스도인의 이름과 신분을 가진 이들이 예수 그리스도와 늘 만나고 교제함으로써 좀 더 그리스도를 닮은 모습을 보이게 될 것이다.

데이비드 리빙스턴은 선교 사업에 자원할 때까지 결혼할 생각이 없었다. 그는 결혼에 대한 질문에 다음과 같이 답하였다.

"가족들에 의해 생기는 걱정거리가 없다면 선교 사업에 최선을 다할 수 있다."

그런데 그가 메리 모페트를 만난 후 그녀에게 구혼을 하게 되었고 둘은 결혼을 하였다.

메리는 남편이 하나님을 삶의 최상의 가치로 생각하는 것을 알았다. 또한 그녀도 그렇게 하기를 원했다. 리빙스턴은 아내에게 이렇게 말했다.

"사랑하는 아내여, 주의 은총이 내리기를! 당신의 애정을 나에게보다 주 예수님께 더욱 깊이 쏟으시오. 우리가 서로 아무리 깊은 사랑을 느끼더라도 항상 예수님을 모두의 친구와 안내자로 생각합시다. 그러면 주님께서는 모든 악으로부터 자신의 영원한 품 안에서 당신을 지켜줄 것입니다."

한때 유엔은 노벨상을 받은 39명에게 인류의 장래 특히 폭증하는 인구 문제에 관하여 연구할 것을 요청하였다. 그들이 유엔 사무총장에게 제출한 보고서의 결론은 "과학의 발전에도 불구하고 이 땅은 급속도로 증가하는 인구에게 충분한 식량과 광물을 오래 대줄 수는 없을 것이다. 인구와 자원의 균형 유지가 하루속히 이뤄지지 않는 한, 인류의 불행과 기근, 낮은 교육과 생존자들을 줄이는 수단으로 전쟁이라는 공포를 조성하는 불안이 뒤덮인 암흑의 시대가 올 것이다"라는 것이었다.

인구는 기하급수적으로 증가하고 있다. 삶에 대한 공포는 이를 앞질러 가고 있다. 기차가 벼랑 길로 질주하고 있는데도 승객들은 마냥 즐겁다고 흥청대고 있다. 벼랑으로 떨어지면 모두 전멸하는데도 "설마 내가 죽으랴. 나만 그럭저럭 살다 가면 그만이지. 내 후손들이야 벼랑으로 떨어지든지 말든지 알게 뭐람"이라는 식의 무책임한 생각을 하고 있다면 이 땅은 어떻게 되겠는가? 지구의 먼 한 모퉁이에서 많은 생명이 굶어 죽어가는 아픔이 우리에게 와닿지 않는다면 마치 우리의 발끝이 썩는 데도 느끼지 못하는 환자와 다를 바가 없으리라. 모든 그리스도인은 형제의 아픔에 동참해야 하는 것이 주님의 명령이다.

청교도 문학의 대표적 걸작인 『주홍 글씨』로 널리 알려진 나다나엘 호돈은 일찍이 아버지를 여의고 편모 슬하에서 고독하게 자랐다. 지극히 주변머리가 없던 호돈은 생활까지 궁핍해서 그의 성격은 더욱 침울했다. 그러한 그가 미국 최고의 소설가로서 명성을 떨칠 수 있었던 것은 전적으로 그의 친구들 덕분이었다. 호돈이 보든 대학에 다닐 때 세 친구가 있었다.

첫 번째 친구는 호레이쇼 브리지였는데, 그는 상당한 부호의 아들로서 신출내기 호돈을 위하여 조건 없이 출판비를 대주어 호돈이 문단에 데뷔하는 데 결정적인 역할을 했다.

두 번째 친구는 유명한 시인 헨리 롱펠로였다. 호돈보다 먼저 문단에 데뷔한 그는 자기보다 재주가 뒤떨어지지 않는 호돈을 위하여 책의 서문을 써주고 그 외에 헌신적인 노력을 아끼지 않았다.

세 번째 친구는 피어스인데 사교적이고 수완이 좋았던 그는 후에 미국 14대 대통령이 되어 호돈의 말년을 아늑하게 해주었고 호돈은 그의 전기를 써줌으로써 그 신세를 갚았다. 말년에는 피어스의 호의로 영국 리버풀의 영사가 되어 평화롭고 아늑한 생활을 하였다.

호돈이 죽자 형제나 다름없던 친구들이 그의 마지막 길을 전송해 주었다. 친구를 보면 그 사람의 됨됨이를 알 수 있다. 성경은 예수 그리스도께서 우리의 가장 좋은 친구가 되심을 말한다.

어떤 할머니가 교회는 열심히 다니는데 구원에 대한 확신이 없어서 고민하였다. 하루는 다니는 교회의 목사를 찾아가 "구원받은 확신이 무엇입니까?"라고 물었다. 그러자 목사는 "만약 할머니의 집에 두 이웃이 있는데 한 집에서는 매일 찬송 소리가 흘러나오는데 다른 이웃집에서는 늘 먹고 마시며 즐겁다고 떠들어대는 소리가 들려온다면 어느 집의 소리에 더 마음이 쏠리겠습니까?"라고 물었다. 그러자 할머니는 "그야 매일 찬송 소리가 흘러나오는 가정에 귀가 더 쏠리지요"라고 말했다. 그때 목사가 "안심하십시오. 그것이 바로 구원받은 증거입니다"라고 말했다.

가이사의 것은 가이사에게로 하나님의 것은 하나님에게로 돌아가기 마련이다. 누가복음 10장 38-42절에 보면 마르다와 마리아 자매가 예수를 영접하는 기록이 나온다. 마르다가 자기는 분주하게 주님을 대접할 음식을 마련하고 있는데 동생 마리아는 언니를 돕지 않고 예수님의 말씀만 듣고 있다고 불평하자, 주님은 "네가 많은 일로 염려하고 근심하나 몇 가지만 하든지 혹 한 가지만이라도 족하니라"라고 하시며 "마리아는 이 좋은 편을 택하였으니 빼앗기지 아니하리라"라고 하셨다.

여기에서 '더 좋은 편"은 주님이 계신 쪽이요 세상 쪽이 아니다. 우리는 주님 쪽에 서 있으면서 몸과 마음은 세상 쪽으로 기울어 있는 불편한 몸가짐을 하고 있을 때가 많다. 그것이 바로 고통인 것이다. 우리의 친밀한 교제가 어느 방향을 향해 있는지를 점검해 볼 일이다.

동서고금을 막론하고 여자로 인해 몸을 그르친 예는 수없이 많다. 이스라엘의 대 사사 삼손도 여자에 빠져 파멸을 초래했다.

성경에서 이런 이야기를 볼 수 있다는 것은 불쾌하기 그지없는 일이다. 신앙의 글은 아름다운 것만 늘어놓아서는 가치가 없다. 인간의 연약함을 거짓 없이 파헤쳐 보여 주는 것이 때로는 필요하다. 유혹에 지는 것은 결국 자기에게 지는 것이다. 들릴라가 나쁜 것이 아니라 삼손은 스스로에게 문제가 있었던 것이다.

대 정당의 지도자로서 대단한 지도력을 발휘하면서도 여성 문제가 폭로되어 지도력을 잃고 재기불능이 된 예가 있다. 활동적인 그리스도인에게도 없는 예는 아니다.

하나님을 위한 싸움을 하고 있으므로, 사소한 것은 너그럽게 봐줄 것이라고 생각해 시세에 놀아나면 파멸은 반드시 찾아온다. 삼손이 "여호와께서 이미 자기를 떠나신 줄을 깨닫지 못하였더라"라는 말씀은 어떤 의미에서는 그리스도인 모두에게 주는 경고이다. 두려운 일이 아닐 수 없다. 십자가의 군병으로서 영적 전투를 치르는 삶을 살아가는 그리스도인은 주님과의 교제가 넉넉히 승리케 한다는 점을 기억해야 한다.

한 부자가 있었다. 이 사람은 한 달에 적어도 2천만 원의 수입이 있는 사람이므로, 일 년에 2억이 넘는 소득을 올렸다.

이 사람은 온몸에 다이아몬드 장식품을 달고 있었으며 그 부인도 다이아몬드로 치장하고 옷도 한 벌에 백만 원 상당의 값진 것을 입었다. 그런데 그들에게 결점이 있었다. 이 부부는 사람을 사랑할 힘이 없다는 것이었다. 그래서 모두 이들과의 친교를 꺼렸다.

이들은 많은 수입을 올림에도 불구하고 비행기를 탈 때마다 이코노미 티켓을 사서는 일등석에 앉으려고 했다. 또한 상점에서는 터무니없이 물건값을 깎아 상점 점원들이 몸서리를 치곤했다.

그들이 아무리 부자요 온몸에 다이아몬드 장식품을 걸고 다녀도 사람을 사랑할 줄 모르는 가장 불쌍한 사람이었다.

사람들이 이들과 한 식탁이나 한 좌석에 앉기를 원치 않았기에 이 부부는 언제나 사람들로부터 소외당한 채 쓸쓸한 삶을 살 수밖에 없었다. 아무런 교제도, 사귐도 없는 인생은 아무리 화려해도 기쁨을 줄 수가 없다.

어느 지방에 외아들을 키우는 집이 있었는데 어찌어찌하여 아버지와 아들이 원수가 되고 말았다. 그러던 어느 날 아들이 아버지와 같이 못 살겠다고 싸움을 하고는 집을 나가버렸다.

아버지와 아들 중간에서 괴로움을 겪은 사람은 어머니였다. 한편은 남편이고, 한편은 자식이니 이러지도 저러지도 못하는 가운데 어머니는 고통스러운 나날을 보냈다.

몇 년이 흘러도 집을 나간 아들은 돌아올 줄 모르고 소식조차 없었다. 그래서 어머니는 슬픔을 견디다 못해 중병에 걸려 죽게 되었다. 어머니는 죽기 전에 마지막으로 아들을 꼭 보고 싶은데 남편은 "그 녀석이 집에 돌아오면 이번에는 내가 보따리를 싸서 나간다"라고 하였다. 아들은 아들대로 "아버지가 집에 계시면 들어가지 않겠다"라고 했다. 그래서 어머니는 아들에게 편지를 썼다.

"내가 죽기 전에 네가 꼭 보고 싶으니 내 소원을 들어다오. 네 아버지는 그때 집에 안 계시도록 할 테다."

그리고 남편에게는 "당신은 내가 부르기 전에는 절대로 내 곁에 오지 마세요"라고 부탁을 했다.

편지를 받은 아들은 어머니의 마지막 소원을 풀어드리기 위해 집으로 돌아왔다.

아들이 어머니를 보고 어머니의 손을 잡는 순간 어머니는 남편을 불렀다. 그러자 아들이 아버지를 안 보려고 손을 빼려 했다. 어머니는 있는 힘을 다해 아들의 손을 잡았다. 그러고는 남편의 손을 잡다가 아들의 손을 맞잡게 했다. 그래도 남편과 아들은 등을 돌리고 앉아 있었다.

어머니는 아들의 손과 남편의 손을 얹어 놓고 "하나님, 내 제물 위에 이 원수 된 아비와 아들이 화목하게 하여 주시옵소서"라는 기도를 마치고 눈을 감았다. 갑자기 어머니의 팔이 사르르 풀어지자 등을 돌리고 있던 아버지와 아들은 어머니의 시체 위에 동시에 얼굴을 묻고 통곡하였다. 그때부터 아들과 아버지는 서로 용서하고 화목하게 되었다.

캐나다 주재 교포인 한 여인은 결혼 생활 10년이 지나는 동안 시댁 식구들과 감정이 상해 남편과 아이들을 데리고 캐나다로 이주하게 되었다.

캐나다에서의 생활은 아주 행복했고 너무 즐거워 이것이 꿈인가 하고 자기를 꼬집어 보기까지 하였다. 그러나 그런 행복도 오래가지 않았다. 남편이 그렇게 원수 같은 시부모님을 캐나다로 모셔 온 것이다.

그때부터 남편과 그 여인과의 사이는 금이 가기 시작했고 서로 갈등이 생겼다.

그녀는 신경이 극도로 날카로워져서 먹은 것이 소화가 안 될 정도였다. 이로 인하여 몸은 날로 쇠약해져 바람만 불어도 쓰러질 정도였다. 나중에는 시부모님과 대화가 단절되고 말투까지 거칠어졌다. 그녀의 이런 행동에 시부모님은 큰 상처를 받고 다시 고국으로 돌아가고 말았다. 그러자 그녀의 긴장되었던 마음이 풀리고 조금씩 식욕도 좋아졌다.

어느 날 그녀는 성경을 창세기부터 읽어 내려가기로 하고 창세기, 출애굽기를 거쳐 레위기 20장 9절을 읽게 되었다.

"아비나 어미를 저주하는 자는 반드시 죽일찌니 그가 그 아비나 어미를 저주하였은즉 그 피가 자기에게로 돌아가리라."

그 말씀에 그녀의 마음이 찔려 그녀는 한참 동안 눈물을 쏟아가며 회개 기도를 하고서 크리스마스를 기해 귀국하신 시부모님께 과거의 잘못에 대한 용서를 비는 편지와 아울러 카드를 보냈다. 그러자 시동생 내외로부터 화해의 답서가 날아왔고, 전화기를 통해 서로의 목소리를 들으며 기쁨을 나누었다.

하나님의 말씀은 그렇게도 단단하고 강퍅했던 감정을 깨뜨려서 풀게 하고 교제의 길을 열어 주며 기쁨의 생활을 하게 한다.

망망한 바다 한가운데서 배 한 척이 침몰하게 되었습니다.
모두들 구명보트에 옮겨 탔지만 한 사람이 보이지 않았습니다.
절박한 표정으로 안절부절 못하던 성난 무리 앞에 급히 달려 나온 그 선원이
꼭 쥐고 있던 손바닥을 펴 보이며 말했습니다.
"모두들 나침반을 잊고 나왔기에… "
분명, 나침반이 없었다면 그들은 끝없이 바다 위를 표류할 수 밖에 없을 것입니다.

우리는 삶의 바다를 항해하는 모든 이들을 위하여
그 나침반의 역할을 하고 싶습니다.
우리를 구원하신 위대한 주 예수 그리스도를 널리 전하고 싶습니다.

"하나님은 모든 사람이 구원을 받으며
진리를 아는 데에 이르기를 원하시느니라"
(디모데전서 2장 4절)

힘을 다하여 **주님과 교제하라**
김장환 목사와 함께 / 주제별 설교 · 성경공부 · 예화 자료

발행처 | 나침반출판사
발행인 | 김용호

개정판 | 2021년 7월 15일

등   록 | 1980년 3월 18일 / 제 2-32호
본   사 | 07547 서울특별시 강서구 양천로 583
          블루나인 비즈니스센터 B동 1607호
전   화 | 본사 (02) 2279-6321 / 영업부 (031) 932-3205
팩   스 | 본사 (02) 2275-6003 / 영업부 (031) 932-3207
홈   피 | www.nabook.net
이   멜 | nabook365@hanmail.net

ISBN 978-89-318-1613-6
책번호 마-1207

※이 책은 김장환 목사님의 설교 자료와
여러 자료를 정리 편집해 만들었습니다.

값은 뒤표지에 있습니다.